DIE REIHE
Archivbilder

JUGENDHERBERGEN
VON 1945 BIS 1955
10 JAHRE WANDEL, KONTINUITÄT UND WIEDERAUFBAU

Gewidmet allen Jenen, denen die hier geschilderten Mühen galten und die ihre Freude daran hatten und noch haben.

DIE REIHE
Archivbilder

JUGENDHERBERGEN VON 1945 BIS 1955

10 JAHRE WANDEL, KONTINUITÄT UND WIEDERAUFBAU

Eberhard Harms

SUTTON VERLAG

Sutton Verlag GmbH
Hochheimer Straße 59
99094 Erfurt
http://www.suttonverlag.de

ISBN 3-89702-744-5

Druck: Oaklands Book Services Ltd., Stonehouse | GL, England

„Wir wollen zu Land aus Fahren …“

Inhaltsverzeichnis

… und wir ebenso!

Vorwort

Die hier vorgestellten Sachverhalte beschreiben Neugründung und Wiederaufleben des DJH auf einen engen Zeitraum begrenzt, der in Texten und Auswahl der Objekte ein exemplarisches Bild des Verbandes, im Rahmen der zeitbedingten Umstände, vermitteln kann.

In anderen Zeitabschnitten wäre Manches anders zu gewichten, hier aber bietet sich ein Bild, wie es vielen Älteren noch bekannt ist. Dies bietet die Möglichkeit, die Erinnerungen früherer Beteiligter wachzurufen und auf diese zurückzugreifen.

Im Zeitraum 1933 bis 1945 waren Inhalte und Ziele des DJH einer völligen Unterordnung unter das NS-Regime ausgeliefert, sodass hier kein repräsentatives Bild gewonnen werden konnte, mögliche Verbindungen von Verband und NS-Ideologie sind bei besonderer Gelegenheit entsprechend zu prüfen.

Die ältere Verbandsgeschichte und jüngere Entwicklungen werden ebenfalls Gegenstand gesonderter Darstellungen sein, Ziel dieser Präsentation ist die Einstimmung auf die Beschäftigung mit der vielfältigen, auch aktuellen Entwicklung des Verbandes.

Gleichwohl wird die ältere Entwicklung einleitend abgehandelt; zum Verständnis der hier beschriebenen Sachverhalte müssen Elemente einer sich seit dem Ende des 19. Jahrhunderts manifestierenden Jugend- und Wanderkultur kurz dargestellt werden.

Auch der hier beschriebene Sachverhalt selbst, der Wiederaufbau nach dem Ende des Zweiten Weltkrieges, erklärt sich aus der vorherigen Zerschlagung, so muss den Umständen dieses Vorganges Rechnung getragen werden.

Beim Thema „Internationale Beziehungen“ am Ende dieser Darstellung muss auf Sachverhalte ausblickend eingegangen werden, die später als der im Titel angesprochene Zeitraum liegen, viele der in den 1950er-Jahren eingeleiteten anbahnenden Schritte zeitigten ihre Wirkung erst im Verlauf der nachfolgenden Jahre.

Wohin wollen wir wandern?

1

Zur Vorgeschichte

Die Jugendherberge in der Burg Altena wurde 1912 eröffnet.

Der Beginn der Jugendherbergsidee und die Entstehung und Verbreitung des Wandergedankens im durch das Jugendherbergswerk vertretenen Sinne liegen im letzten Viertel des 19. Jahrhunderts. Seit 1884 betrieb der Fabrikant Guido Rotter (1860-1940) eine wachsende Anzahl von Schüler- und Studentenherbergen.

1901 wurde der Wandervogel in Berlin-Steglitz ins Leben gerufen – eine Schüler- und später auch Studentenvereinigung, mit dem Ziel, gemeinschaftlich zu wandern. In der Folge gründete sich, durch Abspaltungen wie durch regionale Neugründungen, eine Vielzahl von Verbänden mit gleicher Zielsetzung. Hier sieht man Mitglieder des Schüler-Stenographenvereins „Stenographia“ des Steglitzer Gymnasiums, der erstmals gezielte Wanderfahrten durchführte, nach 1901.

Gleichzeitig entstanden Bestrebungen zu einer neuen Wertedefinition, die den Heimat- und Naturschutz und die Ausrichtung auf eine einfache, naturnahe Lebensweise umfasste, auf Abstand zu einer als steif und ungesund empfundenen Bürgerlichkeit bedacht war und ein Gegengewicht zu den krank machenden Auswirkungen der Industrialisierung erzeugen wollte. Die Verbindung des Heimatschutzes mit der Hervorhebung von nationalen Besonderheiten und die Anbindung der allgemeinen Gesundheitsvorsorge an die Pflege der Volksgesundheit entsprachen dabei durchaus einem internationalen Trend, nationale Werte hervorzuheben. Ein Bild aus der Jugendherberge Ochsenfurt aus der Zeit kurz nach dem Ersten Weltkriege vergegenwärtigt eindrucksvoll diese Bestrebungen, ursprünglichen Lebensweisen zu folgen.

Argumente aus dem Themenkreis der genannten zeitgeistigen Bewegungen waren vermutlich nicht ohne Einfluss auf das Denken des Lehrers Richard Schirrmann geblieben. Sie bewogen ihn, mit Schulklassen anfangs lediglich Wanderungen, später auch Wanderfahrten zu unternehmen.

Seit 1907 betrieb der Sauerländische Gebirgsverein (SGV), dem Schirrmann angehörte, Schüler- und Studentenherbergen nach dem Vorbild Rotters. Sie wurden vorwiegend während der Schulferien angeboten. Der Begriff „Schüler" umfasste zu dieser Zeit ausschließlich die Schüler weiterführender Schulen. Eine dieser Schülerherbergen betreute Schirrmann in der Netter Schule in einem Ortsteil von Altena. Hier unternahm er erstmals den Versuch, auch Volksschülern Unterkunft anzubieten.

Auf einer seiner Fahrten, im August 1909, geriet seine Gruppe abends in ein Gewitter. Er wurde trotz des Unwetters von einem Bauern abgewiesen, obwohl seine Gruppe sogar mit Heu für eine Unterlage ausgestattet war. Schließlich fanden sie Unterkunft in einem Schulhaus in dem kleinen Ort Bröhl. Von diesem Zeitpunkt an begann Schirrmann, die Errichtung eines engmaschigen Netzes von Herbergen zu betreiben, in dem auch Volksschüler Unterkunft finden sollten.

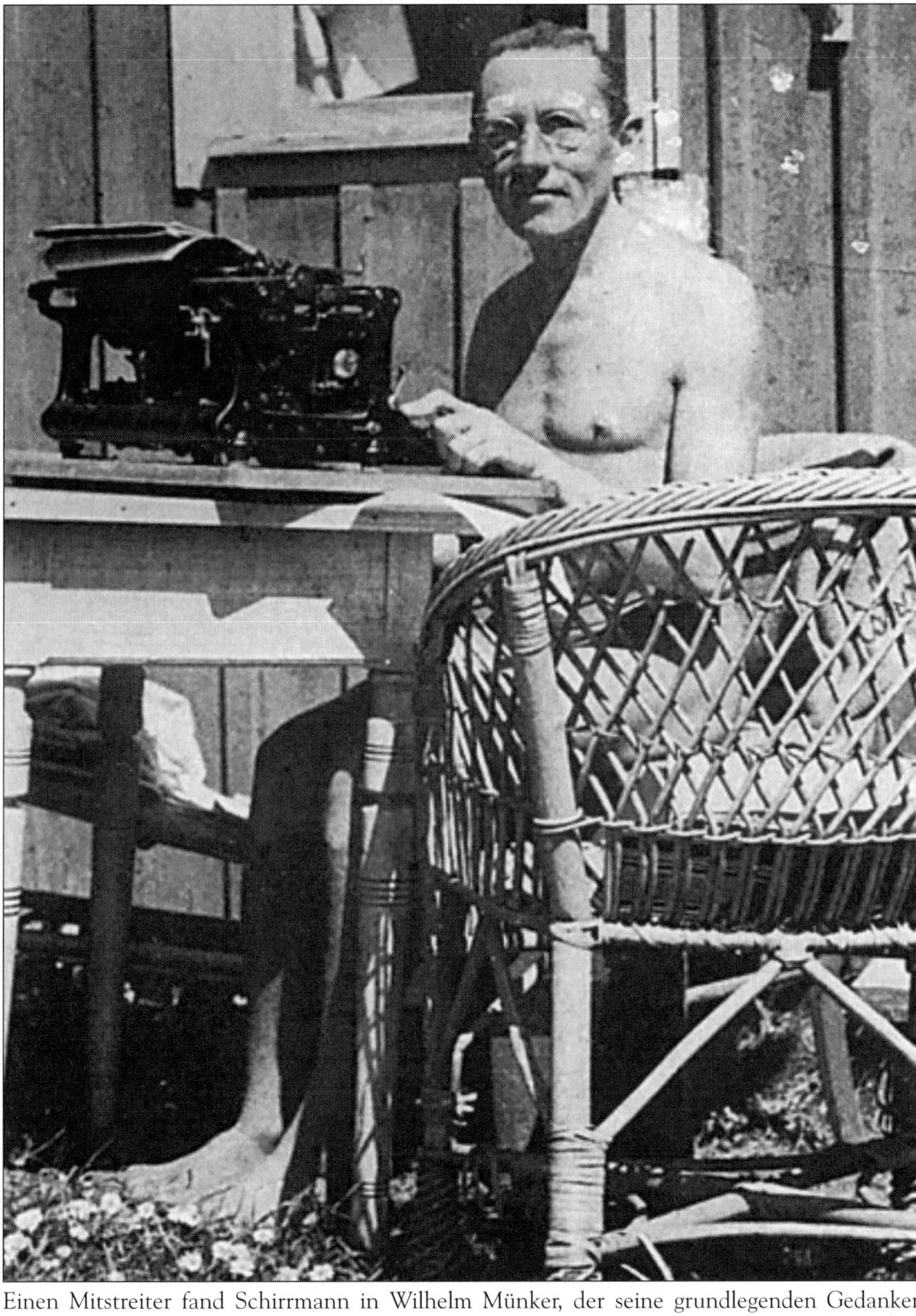

Einen Mitstreiter fand Schirrmann in Wilhelm Münker, der seine grundlegenden Gedanken teilte. Münker war ebenfalls Mitglied des SGV. Er setzte sein gesamtes organisatorisches Talent und später auch Teile seines Vermögens ein, um Schirrmanns Idee eines engmaschigen Herbergsnetzes voranzutreiben.

Der Innenhof der Burg Altena.

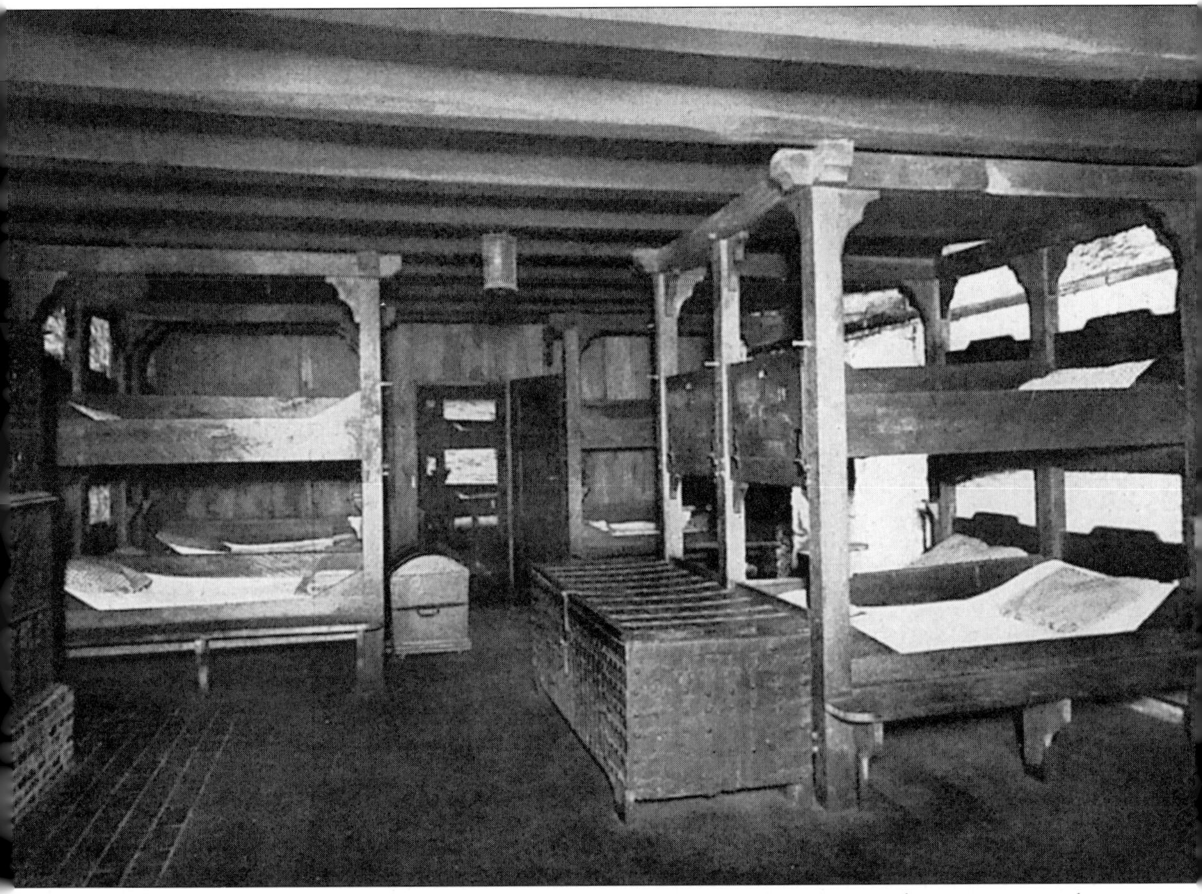

Der Schlafraum in der Burg Altena, aufgenommen im Jahre 1912. Dieses Jahr war in zweierlei Hinsicht bedeutsam für das sich ausbildende Jugendherbergswerk: Die erste ständige Jugendherberge „für die wanderfrohe Jugend Deutschlands ohne Unterschied" mit Schirrmann als Herbergsvater konnte durch Mithilfe des Landrates Fritz Thomée in der Burg Altena eingerichtet werden. Und am 18. Mai 1912 wurde der „Ausschuß für Jugendherbergen im SGV" als eigenständige Organisation gegründet. Schirrmann wurde Vorsitzender und Münker Geschäftsführer.

Das Wohnhaus Münkers in der Unterzeche in Hilchenbach.

In der Hauptgeschäftsstelle des Jugendherbergswerkes. Schon ab 1912 hatte Wilhelm Münker Teile seines Wohnhauses für die anschwellende Verwaltungsarbeit zur Verfügung gestellt. Ebenso wuchs der Aktionsradius des 1912 gegründeten „Ausschusses für Jugendherbergen im SGV“ über dessen räumlichen und organisatorischen Rahmen hinaus. So erfolgte 1914 die Gründung des vom SGV losgelösten „Hauptausschusses für Jugendherbergen“, bereits mit einem gewählten Hauptvorstand. Die erste bekannte, amtsgerichtlich registrierte Eintragung erfolgte 1919 unter dem Namen „Hauptausschuss für Deutsche Jugendherbergen“ in Altena. Nach der Unterbrechung durch den Ersten Weltkrieg existierten 1920 bereits 700 Jungendherbergen. Organisatorisch bedeutete dies den Beginn intensivster Aufbauarbeit. Aus dem „Hauptausschuss für Deutsche Jugendherbergen“ wurde der „Verband für deutsche Jugendherbergen“ (1920) und schließlich der „Reichsverband für deutsche Jugendherbergen“. Seit 1920 erscheint auch die Verbandszeitschrift „Die Jugendherberge“, erster Schriftführer war Julius Schult.

Verlagsort Iserlohn

Auflage: 120000

Die Jugendherberge

Jahrgang 9 Heft 4

ZEITSCHRIFT DES VERBANDES FÜR DEUTSCHE JUGENDHERBERGEN.

JH Köln, die mustergültige Großstadtleistung.

Aufn. W. Immig, Hilchenbach.

Verband für Deutsche Jugendherbergen 1. Vorsitzender: Richard Schirrmann, Altena in Westf. 2. Vorsitzender: Dr. Edmund Neuendorff, Direktor der Preuß. Hochschule für Leibesübungen Spandau. Geschäftsführer: W. Münker, Hilchenbach in Westfalen. Postscheck Köln 40730. / Beitrag: Einzelpersonen, Schulanstalten und Vereine mindestens 3 R.-M. zuzüglich Gauzuschläge für Gaublatt und Gebühren, Verbände und Ämter mindestens 10 R.M., Kreise mindestens 100 R.-M., Gemeinden mindestens 5 Pfennig je Einwohner, Reichs- und Landesverbände nach Selbsteinschätzung. Bleibenausweis für Jugendliche bis zu 20 Jahren 0,50 R.-M., Führerausweis mit Jahresmarke 0,25 R.-M. Ausweise stellen nur die Ortsgruppen bezw. Gaue aus.

„Die Jugendherberge" erscheint am 1. jeden Monats und wird nur an die Mitglieder geliefert. / Schriftleitung: J. Schult, Iserlohn, Hochstraße 8. Ruf 1241. / Verlag des Verbandes für Deutsche Jugendherbergen, Hilchenbach in Westfalen. / Einsendungen werden stets bis zum 8. jeden Monats (einseitig beschrieben) erbeten. / Wegen Zahlung des Mitgliedsbeitrages und Beschwerden über unregelmäßige Zustellung wende man sich an die zuständige Ortsgruppe oder den Gau. / Die Versandverfügungen der Ortsgruppen gehen an die Gaue, die der Gaue bis zum 12. jeden Monats an die Geschäftsstelle Hilchenbach in Westfalen. / Anzeigenpreise: Der sechsgespaltene mm-Raum (80 mm breit) kostet im allgemeinen Anzeigenteil 40 Pfg., auf der ersten und letzten Umschlagseite 50 Pfg., unter dem Text 80 Pfg. Bei Wiederholungen Nachlaß. / Beilagengebühren nach Vereinbarung. Erfüllungsort und Gerichtsstand ist Hilchenbach in Westfalen. / Schluß der Anzeigenannahme am 12. jeden Monats. Das Recht zur Ablehnung von Anzeigen behält sich der Verlag vor.

Nachdruck, möglichst mit Quellenangabe, gerne gestattet und erwünscht.

Dieser Titel der Verbandszeitschrift „Die Jugendherberge" erschien anlässlich der Eröffnung der „Groß-Jugendherberge" in Köln im Jahre 1928.

Die schwimmende Jugendherberge „Sachsen“ wurde im Jahre 1928 eingeweiht. Waren bisher Unterkünfte nur angemietet worden, ging man ab 1923 dazu über, so genannte Eigenheime zu bauen oder zu kaufen. 1925 erwarb man ein Binnenschiff zur Einrichtung der ersten schwimmenden Jugendherberge. 1927 wurde in München die erste Großstadt-Jugendherberge eröffnet, der weitere folgen sollten.

Die Burg Altena ist der Gründungsort des DJH. Schon vor dem Ersten Weltkrieg hatten sich zunehmend regionale Herbergsverbände gegründet, die sich dem DJH anschlossen. Ein weiterer wichtiger Beweggrund für die Gründung eines Dachverbandes war die Internationalisierung des DJH-Gedankens, man wollte sich über die Grenzen hinweg kennen lernen. Nicht zuletzt diesem

Umstand ist die steigende Gästezahl des DJH zu verdanken, im Jahre 1932 waren es schließlich 4.278.600 Übernachtungen. Diesen beiden Entwicklungen, die die Zeit zwischen den Weltkriegen prägten, wird eine gesonderte Betrachtung zu widmen sein.

Die auf diesem Bild von der Jugendherberge Freusburg zum Ausdruck kommende fröhliche Sorglosigkeit mag veranschaulichen, wie einschneidend die Auswirkungen des nun folgenden politischen Umbruchs waren.

2

Die Zerschlagung

Durch die Wahrung strikter weltanschaulicher Unabhängigkeit und die Vielzahl korporativer Mitglieder aller politischen Schattierungen, auch der nationalsozialistischen Hitler-Jugend (HJ), hatte man die vom NS-System ausgehende Gefahr unterschätzt. Die Aufnahme zeigt HJ-Mitglieder auf „Fahrt".

Am 10. April 1933 übernahm die HJ auf meinen Befehl den Jugendherbergsverband. Ich ging dabei von der Erkenntnis aus, daß das Jugendherbergswerk ein Teil der gesamten Jugendarbeit werden müßte. Der Verband hätte seinen Sinn verloren, wenn er nicht in den Rahmen eines großen Programms eingespannt worden wäre.

Am 10. April 1933 erschienen die HJ-Führer Nabersberg und Lauterbacher zunächst in Altena bei Richard Schirrmann und dann in der Geschäftsstelle in Hilchenbach. Sie verlangten die sofortige formale Übergabe des DJH einschließlich der gesamten Unterlagen. Angesichts der Materialfülle wurde dann jedoch eine schrittweise Verlagerung nach Berlin beschlossen.

Der nationalsozialistische Reichsjugendführer Baldur von Schirach. Er war seit seiner Ernennung am 17. Juni 1933 für die gesamte außerschulische Jugenderziehung zuständig. Bereits am 5. April hatte er den Vorsitz des „Reichsausschusses der deutschen Jugendverbände“ übernommen. In dieser Eigenschaft trieb er die Gleichschaltung des DJH voran.

Johann Rodatz war in der NS-Zeit der „Reichsleiter für DJH". Die Übernahme des DJH geschah ohne vorherige Gespräche, sie geschah gewaltsam und sie geschah vollständig. Durchgeführt wurde sie von Bannführer Johann Rodatz, der dafür zum Reichsleiter für DJH befördert wurde. Das DJH war in regionale Gaue gegliedert, mit jeweils eigenen Geschäftsstellen. Deren Beschäftigte waren, sofern sie Ihren Broterwerb behalten wollten, genötigt, sich mit den neuen Machthabern zu arrangieren. DJH-Gründer Richard Schirrmann versuchte noch etwa zwei Jahre lang, durch vorsichtige formale Annäherung einen Rest seiner Intentionen zu retten. Wilhelm Münker hatte mit der Übergabe der Geschäftsunterlagen auch seine Position als Hauptgeschäftsführer zur Verfügung gestellt.

Diese Modelle von Jugendherbergen wurden auf der 1. Deutschen Architektur- und Kunsthandwerksausstellung von Januar bis April 1938 in München gezeigt.

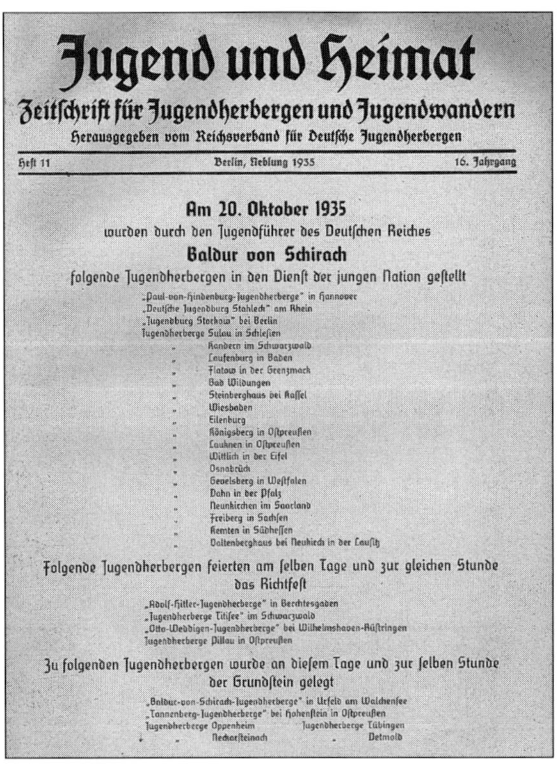

Jugend und Heimat

Zeitschrift für Jugendherbergen und Jugendwandern

Herausgegeben vom Reichsverband für Deutsche Jugendherbergen

Heft 11 — Berlin, Nebelung 1935 — 16. Jahrgang

Am 20. Oktober 1935

wurden durch den Jugendführer des Deutschen Reiches

Baldur von Schirach

folgende Jugendherbergen in den Dienst der jungen Nation gestellt

„Paul-von-Hindenburg-Jugendherberge" in Hannover
„Deutsche Jugendburg Stahleck" am Rhein
„Jugendburg Storkow" bei Berlin
Jugendherberge Sulau in Schlesien
„ Kandern im Schwarzwald
„ Laufenburg in Baden
„ Flatow in der Grenzmark
„ Bad Wildungen
„ Steinberghaus bei Kassel
„ Wiesbaden
„ Eilenburg
„ Königsberg in Ostpreußen
„ Lauknen in Ostpreußen
„ Wittlich in der Eifel
„ Osnabrück
„ Gevelsberg in Westfalen
„ Dahn in der Pfalz
„ Neunkirchen im Saarland
„ Freiberg in Sachsen
„ Kemten in Südhessen
„ Valtenberghaus bei Neukirch in der Lausitz

Folgende Jugendherbergen feierten am selben Tage und zur gleichen Stunde das Richtfest

„Adolf-Hitler-Jugendherberge" in Berchtesgaden
„Jugendherberge Titisee" im Schwarzwald
„Otto-Weddigen-Jugendherberge" bei Wilhelmshaven-Rüstringen
Jugendherberge Pillau in Ostpreußen

Zu folgenden Jugendherbergen wurde an diesem Tage und zur selben Stunde der Grundstein gelegt

„Baldur-von-Schirach-Jugendherberge" in Urfeld am Walchensee
„Tannenberg-Jugendherberge" bei Hohenstein in Ostpreußen
Jugendherberge Oppenheim — Jugendherberge Tübingen
„ Neckarsteinach — „ Detmold

Die Jugendherbergen hatten nach der Gleichschaltung hauptsächlich dem Zweck der Indoktrination der Jugend im nationalsozialistischen Sinne zu dienen. Dazu legte man ein aufwändiges Neubauprogramm auf.

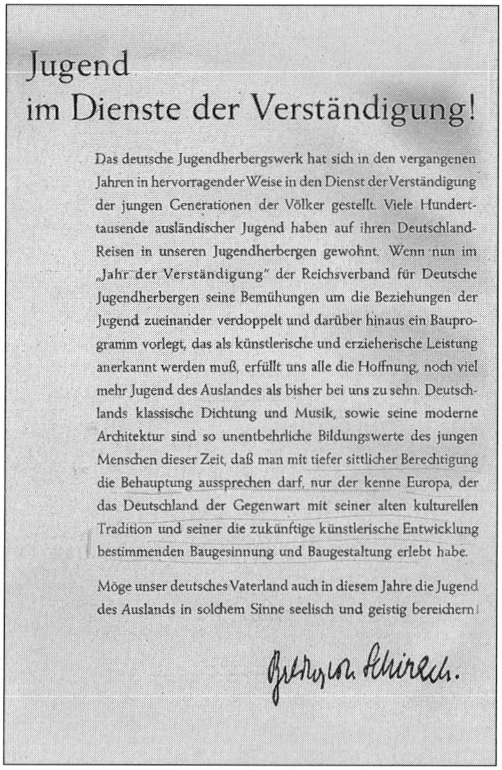

Jugend im Dienste der Verständigung!

Das deutsche Jugendherbergswerk hat sich in den vergangenen Jahren in hervorragender Weise in den Dienst der Verständigung der jungen Generationen der Völker gestellt. Viele Hunderttausende ausländischer Jugend haben auf ihren Deutschland-Reisen in unseren Jugendherbergen gewohnt. Wenn nun im „Jahr der Verständigung" der Reichsverband für Deutsche Jugendherbergen seine Bemühungen um die Beziehungen der Jugend zueinander verdoppelt und darüber hinaus ein Bauprogramm vorlegt, das als künstlerische und erzieherische Leistung anerkannt werden muß, erfüllt uns alle die Hoffnung, noch viel mehr Jugend des Auslandes als bisher bei uns zu sehn. Deutschlands klassische Dichtung und Musik, sowie seine moderne Architektur sind so unentbehrliche Bildungswerte des jungen Menschen dieser Zeit, daß man mit tiefer sittlicher Berechtigung die Behauptung aussprechen darf, nur der kenne Europa, der das Deutschland der Gegenwart mit seiner alten kulturellen Tradition und seiner die zukünftige künstlerische Entwicklung bestimmenden Baugesinnung und Baugestaltung erlebt habe.

Möge unser deutsches Vaterland auch in diesem Jahre die Jugend des Auslands in solchem Sinne seelisch und geistig bereichern!

Baldur von Schirach.

Der
Internationale Jugendherbergsdienst
gibt allen Wanderern des In- und des Auslandes

Auskunft über:

- das Jugendherbergsnetz der Welt
  Benutzungsbestimmungen
  Hausordnungen
  Ausweisbestimmungen
- Bestimmungen beim Grenzübertritt
  Pass und Sichtvermerke
- Grenzbestimmungen und Beförderung von Fahrrädern
  Faltbooten und dergleichen mehr
- Fahrpreisermässigungen
- Gruppenfahrten
- Gesellschaftsfahrten

Der I J D vermittelt die notwendigen Jugend-Herbergsausweise und Fördert das Wandern von Volk zu Volk

Internationaler Jugendherbergsdienst
Berlin NW 87, Klopstockstr. 47 Fernruf-Sammelnummer: 395191

Im Juni 1935 hatte Rudolf Hess, „Stellvertreter des Führers in der NSDAP", zusammen mit von Schirach die Burg Altena zur „Weltjugendherberge" geweiht. Noch bis 1938 versuchte man ostentativ, den Eindruck von Weltoffenheit und der Förderung internationaler Beziehungen zu erwecken.

Seit Beginn des Zweiten Weltkriegs im September 1939 wurde die Rolle der Jugendherbergen – und des Wanderns! – zur Wehrertüchtigung unverblümt betont.

Kennzeichnend für die beginnende Zwangsbewirtschaftung der Jugendherbergen war ihre Umnutzung – wie hier 1941 – zur Kinderlandverschickung. Als die Kriegshandlungen auch auf Deutschland übergriffen, wurden die Baulichkeiten des DJH anderweitig benötigt. Am 1. Juli 1941 wurden alle Landesverbände des DJH zur Selbstauflösung aufgefordert, zum 31. Oktober 1942 löste man die Ortsverbände auf. Der Reichsverband wurde in das Heimstättenamt der Hitler-Jugend eingegliedert und hörte auf zu existieren.

3

Der Neubeginn

Versammlung der Gründer und Förderer des DJH zu dessen Wiedergründung auf Burg Altena, 1949. Bereits gegen Ende des Zweiten Weltkriegs konnten die Kontakte unter den Freunden und ehemaligen Mitarbeitern des DJH wieder geknüpft werden.

Richard Schirrmann (geb. 15.5.1874 in Grünefelde, gest. 13.12.1961 in Gräfenwiesbach) war der Gründer des DJH im Jahre 1909. Seine Jugendherbergsbewegung war schon nach dem Ersten Weltkrieg auf die deutschen Nachbarländer übergesprungen. Sie gipfelte in der Gründung der IYHF (International Youth Hostel Federation), deren Vorsitzender er von 1933 bis 1937 war. Nach 1945 waren es insbesondere seine früheren persönlichen Kontakte, die, neben seiner Aufbauleistung bei der Wiederherstellung des Deutschen Jugendherbergswerkes, zur erneuten internationalen Anerkennung des Verbandes führten.

Wilhelm Münker (geb. 29.11.1874 in Hilchenbach, gest. 20.9.1970 in Hilchenbach) war Mitbegründer und seit 1919 Geschäftsführer des DJH. Nach seinem Ausscheiden aus dem von der HJ übernommenen DJH 1933 hielt Münker den Kontakt zu vielen früheren Förderern und ehemaligen Mitarbeitern aufrecht. So gelang es ihm, nach dem Ende des Kriegs 1945 über die Grenzen der Besatzungszonen hinweg neue organisatorische Strukturen zu schaffen, die eine Neugründung des DJH im Oktober 1949 ermöglichten.

Hauptverband für Jugendherbergen u. Jugendwandern

Vorsitzer: Richard Schirrmann   Stellv. Vorsitzer: Aug. Albrecht   Geschäftsführer: Wilhelm Münker

Hilchenbach, Kreis Siegen (Westfalen)

Fernsprecher Hilchenbach 326 - Postscheck Dortmund 55769 - Sparkasse Hilchenbach Konto 600

Nachrichtendienst Nr. 1

(21) **Hilchenbach,** den 9. Oktober 1945
Kr. Siegen (Westfalen)

Die Wiederbelebung des Jugendherbergswerkes!

Es sieht schlimm aus um das deutsche Jugendherbergswerk. In sprunghaftem Aufstieg hatte es sich in den 20er Jahren glänzend entfaltet. Wir erreichten 2100 Jugendherbergen mit 4,2 Millionen Übernachtungen im Jahre. Eltern, Erzieher, Jugendpfleger, die Gesundheitswächter und alle Freunde von Heimat und Natur hatten ihre Freude daran. Für die Jugend war unendlich viel Glück in diesem Tun beschlossen. Rot strich sie die Fahrten ins Grüne in ihrem Lebenskalender an.

Immer mehr packte es die Schüler, die schaffende Jugend, die Studenten, die Jugendvereine und auch die älteren Einzelwanderer. Nicht zuletzt wurden die Mädchen flügge. Ihre Anteilziffer von rund 30 v. H. an den Übernachtungen übertraf die kühnsten Erwartungen. Immer mehr näherten wir uns dem Ziele, das Jugendwandern zu einer selbstverständlichen Volkssitte zu machen.

Das deutsche Beispiel steckte an. Die ausländischen Gäste kamen in immer größeren Scharen. Rucksack und Wanderschuh stiegen bei ihnen ständig in Gunst. Das Wort „Wandern“ bekam internationale Bedeutung. Es bildeten sich etwa 15 selbständige Jugendherbergsverbände nach unserem Muster. Alle verband aufrichtige Freundschaft und der Wunsch, diesen Weg zur Mutter Natur auch zu einer verheißungsvollen Brücke für die Völkerverständigung auszubauen.

Bis zur Neugründung 1949 bedurfte es vieler Schritte. Einen ersten Aufruf sandte Münker schon im Oktober 1945 als Rundschreiben an die ihm bekannten Anlaufstellen.

Der Aufbau

Bezeichnungen

Der „Reichsverband" besteht vermögensrechtlich noch. Auf ihn ließ die Hitler-Jugend 1942/43 auch alle Eigenheime der Landesverbände grundbuchlich umschreiben. Der Reichsverband unterstand unmittelbar dem Reichsschatzmeister der NSDAP. Um jede Verwechslung auszuschließen, wählten wir daher den Namen **„Hauptverband".** Gleichzeitig benutzen wir diese nie wiederkehrende Gelegenheit zum Anfügen des Zusatzes **„und Jugendwandern".** Das Fehlen desselben war schon früher ein Mangel, ließ sich damals aber aus grundbuchlichen und anderen Gründen nur schwer ändern.

Auf die alten Bezeichnungen **„Gaue"** und **„Ortsgruppen"** wollen wir, weil anrüchig geworden, verzichten. An Stelle der von der Hitler-Jugend eingeführten unglücklichen Bezeichnung „Ortsverband" tritt **„Ortsverein".**

Herbergseltern-Posten

Eine Flut von Bewerbungen kommt an Hauptverband, Landesverbände und Behörden. So schnell aber geht es nicht. Von ganz geringen Ausnahmen abgesehen, ist **vorerst gar nichts zu machen.** Es fehlen die Voraussetzungen, (Benutzbarkeit der Herbergen, einigermaßen reger Wanderverkehr u. s. w.). Vor allem die geldliche Grundlage. Haupt- und Landesverbände können vorerst nicht zuschießen, da sie ja selbst ohne alle Mittel anfangen müssen. In diesem Sinne sollte überall Aufklärung gegeben werden, um keine falschen Hoffnungen aufkommen zu lassen und Leerlaufsarbeit zu vermeiden.

Für Beibehaltung bisheriger Herbergseltern und Anstellung von neuen ist zudem alle Mal die **Zustimmung der Militär-Regierung** vorzubehalten.

Daß **wesentlich belastete** Herbergsväter nicht bleiben können ist selbstverständlich. Abgesehen von besonders schweren Fällen sollte aber unbedingt von übereilten örtlichen Eingriffen abgesehen und die Entscheidung den **Landesverbänden** vorbehalten werden. Jede Herberge muß wenigstens eine verantwortliche Übergangsbetreuung haben.

Was tun?

1. Die **Landesverbände** sind ehestens neu zu bilden, freilich in vorläufiger Form. Vor allem muß ein Geschäftsführer oder Beauftragter das Ruder mit größtem Nachdruck in die Hand nehmen.
2. Mit bestmöglicher Beschleunigung sind Feststellungen über den **Stand der Jugendherbergen** in Bezug auf Gebäude, Einrichtung, Wartung und derzeitige Benutzung der Räume zu treffen.
   Ohne **Wagen oder Motorrad** kaum möglich. Der Winter naht aber heran. Soweit als irgend möglich müssen aber die nötigen **Ausbesserungen** an Dächern, Wänden, Fenstern, Türen, Heizung u. s. w. vorgenommen werden, um **neue verheerende Schäden** zu verhüten.
3. Soweit noch nicht geschehen, nehmen die Landesverbände auch sofort die Fühlung mit den **Militär-Regierungen** auf, um ein vertrauensvolles Verhältnis herzustellen. Das kann nirgends schwer fallen, da die Turn-, Sport- Gesangvereine u. s. w. ja längst schon zugelassen sind und anderseits, weil die ausländischen Verbände, vor allem die
   British Youth Hostels Association
   American Youth Hostels Association
   Ligue Française pour des Auberges de la Jeunesse
   ja ganz im gleichen Sinne arbeiten, zumal Schirrmann Präsident der Internationalen Herbergsvereinigung war. Als solcher wurde er s. Zt. auch in London

Dieser Aufruf, der in knappen Worten minutiöse Schritte zur Neugründung aufzeigte, berücksichtigte alle zu diesem Zeitpunkt denkbaren praktischen Umstände einer Erneuerung. Dank der von Schirrmann vor dem Krieg geknüpften internationalen Kontakte gelang es schrittweise, über die noch bestehenden Grenzen der Besatzungszonen hinweg erneut Landesverbände und regionale Organisation zu errichten.

Ein Gutteil der Verdienste um den Wiederaufbau kam den sich neu bildenden Landesverbänden zu. Hier sieht man Teilnehmer der Gründungsversammlung des Landesverbandes Westfalen-Lippe. Richard Schirrmann hat seine Hand im Jackenaufschlag, links neben ihm steht Wilhelm Münker.

Wie groß die allgemeine materielle Not in der Nachkriegszeit war, verdeutlicht dieses Bild.

Für den Wiederaufbau waren nicht nur organisatorische Gesichtspunkte zu berücksichtigen, es fehlte vor allem an Räumlichkeiten und deren Ausstattung. Um diesen Notstand zu überwinden, kam es auf allen Ebenen des sich neu ausbildenden Verbandes auch immer wieder auf die Initiative Einzelner an. Eine herausragende Leistung war die des Herbergselternpaares Schöttler, es erbaute die Jugendherberge Finnentrop-Bamenohl bereits im Jahre 1947.

Eine weitere Form der Eigeninitiative stellte die Renovierung und Wiedereinrichtung des Ove-Ovens-Hauses in Cuxhaven-Duhnen dar. Durch die Errichtung eines Work-Camps, in dem britische und deutsche Jugendliche bei der Sanierung zusammenarbeiteten, konnte diese Jugendherberge 1948 wieder in Betrieb genommen werden.

Alle Gegenstände des alltäglichen Lebens, auch Papier, waren Mangelware, …

… umso höher ist die versorgungstechnische Leistung zu würdigen, solche kleinen Druckerzeugnisse auf den Weg zu bringen.

Es war nicht nur der Wunsch nach Schiffsromantik, der den Landesverband Berlin 1952 zur Umrüstung eines Lastkahns als schwimmende Jugendherberge „Heinrich Zille“ veranlasste. Vielmehr diente diese Lösung als – wenn auch liebenswertes – Provisorium.

Bei allen Schwierigkeiten begann dennoch allenthalben rege Bautätigkeit. Im Jahre 1953 erachtete man es schließlich für notwendig, bebilderte Baurichtlinien herauszugeben.

4

Konzepte und Zeiten

Die Gebäude

Im Baustil konkurrierten in den 1950er-Jahren der „Heimatstil" und „Neues Bauen" scheinbar miteinander, modernes und traditionelles Bauen trennten aber oft nur kurze Zeiträume. In den vom DJH erarbeiteten „Baurichtlinien" von 1953 wurde „viel Licht und Luft" postuliert, gleichwohl empfahl man die „Verwendung guter, bodenständiger Baustoffe" und die „Anpassung an die heimatverbundene Bauweise". Diese Hinweise wurden auf verschiedenste Weise interpretiert. „Die Jugendherberge" – als Gebäude schlechthin – gab und gibt es nicht, die Lage, das Innere, die Herbergseltern oder schlicht die Situation ergeben stets und zu allen Zeiten eine spezifische Atmosphäre.

Die Jugendherberge Erbach im Jahre 1950.

Der Tagesraum der Jugendherberge Dortmund-Mittelhöchsten im Jahre 1954. Die hier gezeigten zeitgenössischen Aufnahmen der JH Dortmund-Mittelhöchsten repräsentieren gewiss die gelungene Umsetzung der eingangs genannten Anforderungen.

Eingang und Fassadenelement der Jugendherberge Dortmund-Mittelhöchsten.

Die Jugendherberge Stuttgart, aufgenommen im Jahre 1953. Auch architektonisch kühne Gestaltungselemente fanden gelegentlich ihre Umsetzung, sei es wie hier in der Großstadt.

Die Jugendherberge Dabringhausen-Lindscheid im Jahre 1955. Auch diese JH in ländlicher Umgebung brauchte sich hinsichtlich der Kühnheit mancher Gestaltungselemente nicht hinter der großstädtischen JH zu verstecken.

Die Jugendherberge Bremen im Jahre 1955. Der Bauhaus-Stil der 1920er-Jahre fand ein ebenso zeitgemäßes Wiedererstehen, ...

... wie er eine architektonische Akzentuierung des Umfeldes bildete, wie hier bei der Jugendherberge Hamburg „Auf dem Stintfang", aufgenommen im Jahre 1953.

Die Jugendherberge Blaubeuren im Jahre 1952. In die gebirgig-waldreiche Umgebung fügten sich Gebäude im traditionellen „Heimatstil“ besonders gut ein, …

… auch wenn sie in der funktionell orientierten Anordnung der Baukörper eher „modernen“ Gesichtspunkten gehorchen, wie die Jugendherberge Plettenberg im Jahre 1953.

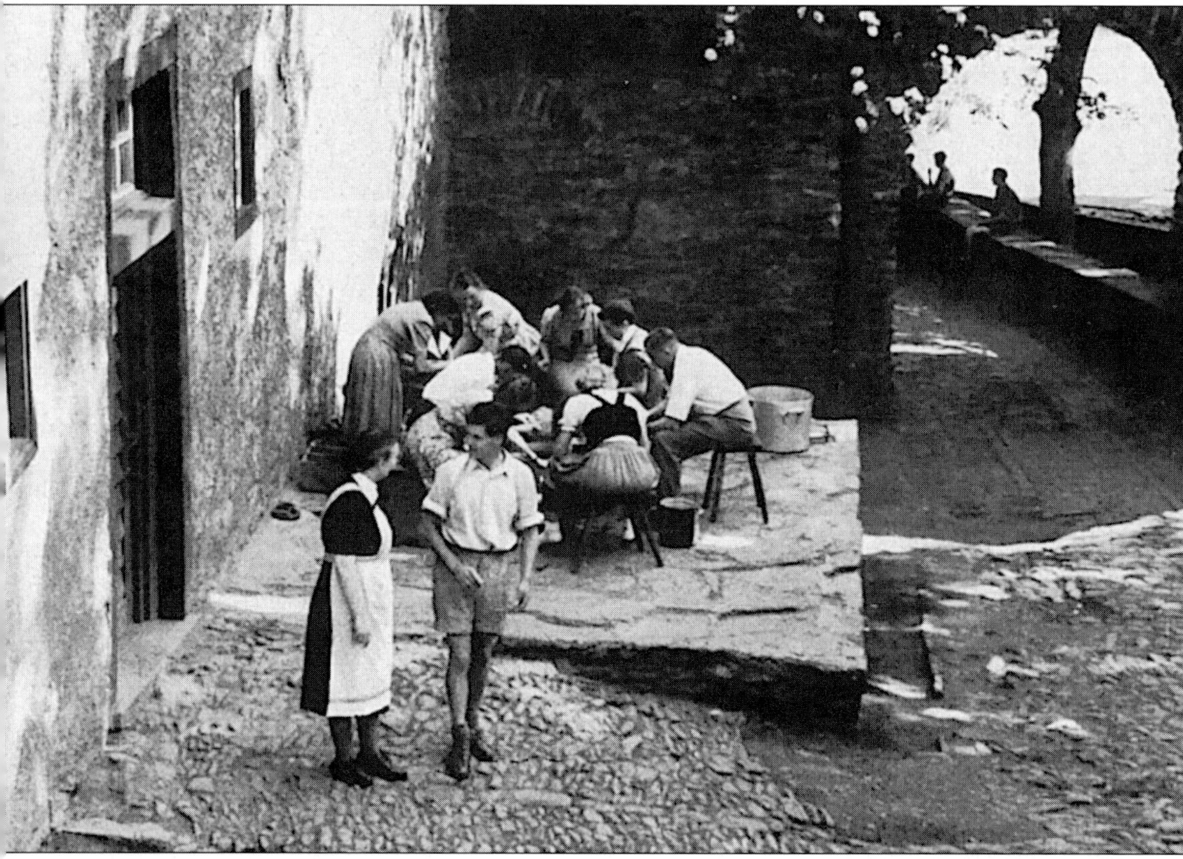

Die Jugendherberge Burg Bilstein, deren Gebäude etwa 1225 errichtet wurden. Weil die Anpassung an einen bestimmten Baustil nicht immer auch ein entsprechendes „Flair" erzeugte, versuchte man, auch die zahlreichen bereits vor dem Krieg in Burgen untergebrachten Jugendherbergen wieder zu beleben, mit anhaltendem Erfolg.

5

Konzepte und Zeiten

Herbergsräume

Im Lauf der Zeiten unterlagen die Zahl, die Ausstattung und die Auswahl der für notwendig erachteten Funktionsräume einer Herberge einem gewissen Wandel. Einige dieser Räume wurden jedoch immer für unabdingbar gehalten. Die erste Berührung von Gast und Herberge fand natürlich am Anmeldungsschalter, der so genannten „Anmelde“, statt. Hier sieht man die „Anmelde“ der JH Bad Honnef in den 1950er-Jahren.

Der Flur der JH Hameln. Nach vollbrachter Anmeldung betrat der geneigte Herbergsgast entweder den Flur…

… oder das Treppenhaus der von ihm ausgesuchten Jugendherberge – hier die JH Bad Honnef – und musste sich nun …

… entscheiden, ob er zunächst, z.B. im Waschraum JH Erbach, dem Staub der Reise zu Leibe rücken …

… oder sich in einem Tagesraum, wie dem der JH Husum, der Muße hingeben …

… oder sich ein nahrhaftes Mahl, z.B. in der Wandererküche der JH Ratingen, bereiten …

… oder lieber gleich im Bett der Ruhe pflegen wollte – in Abstimmung mit Hausordnung und Herbergseltern.

6

Der Schlafraum

Ein Gemeinschaftserlebnis

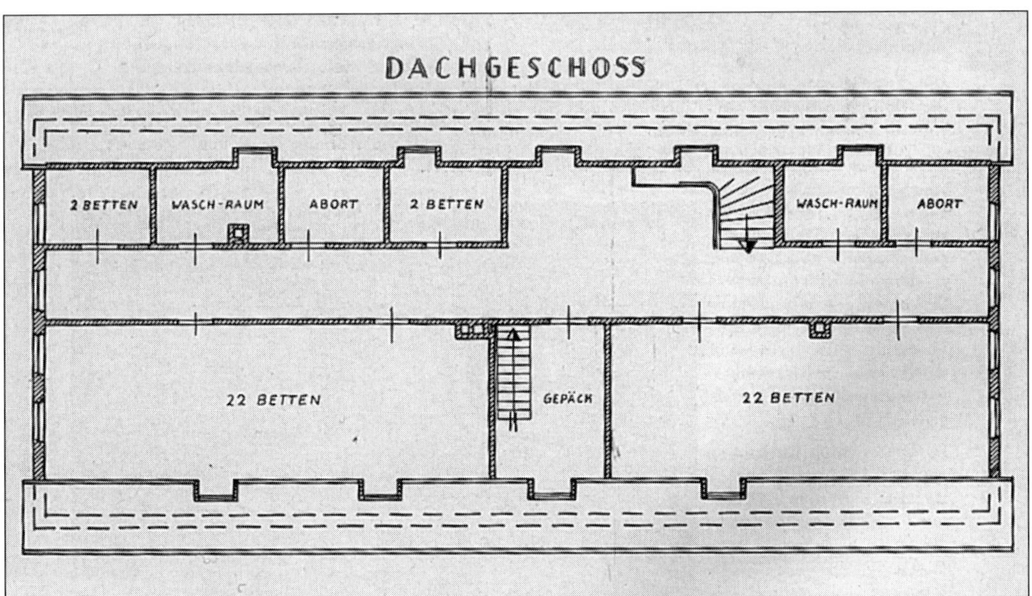

Auch die räumlichen Konzepte unterlagen einem Wandel, meist durch Anpassung an zeitbedingte Anforderungen. Schwerpunkt war über einen langen Zeitraum das gruppenorientierte Konzept mit vergleichsweise großen Einzelräumen. Naturgemäß konnte hier das Gemeinschaftserlebnis am nachhaltigsten gefördert werden.

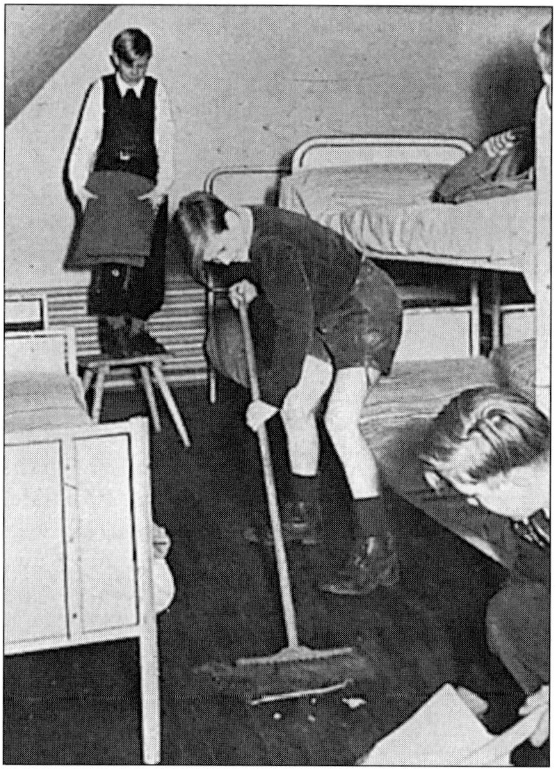

Die Vorstellungen von Herbergseltern, Aufsichtspersonen und jugendlichen Gästen über die optimale Nutzung eines Gruppenschlafraumes wichen hin und wieder voneinander ab. Hier zwei Beispiele für die vorbildliche Behandlung eines Schlafraumes.

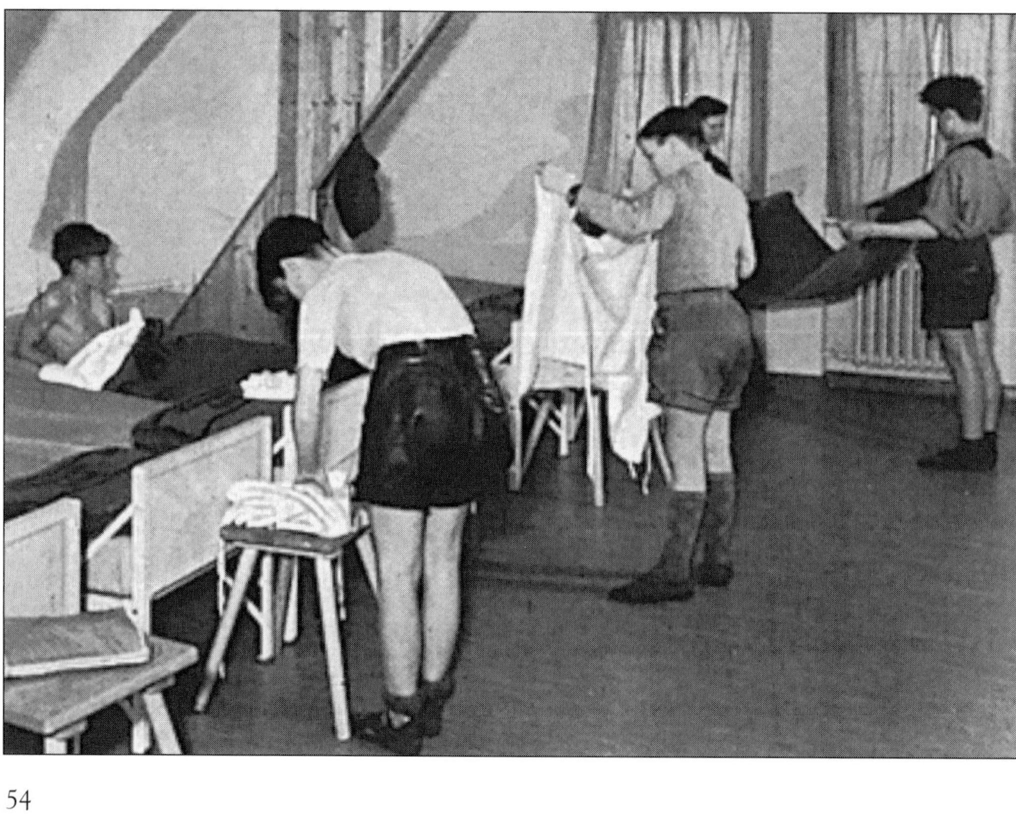

Gerade die Schlafräume präsentierten sich jedoch mitunter sehr unterschiedlich. Hier ein Beispiel für den neutralen Zustand.

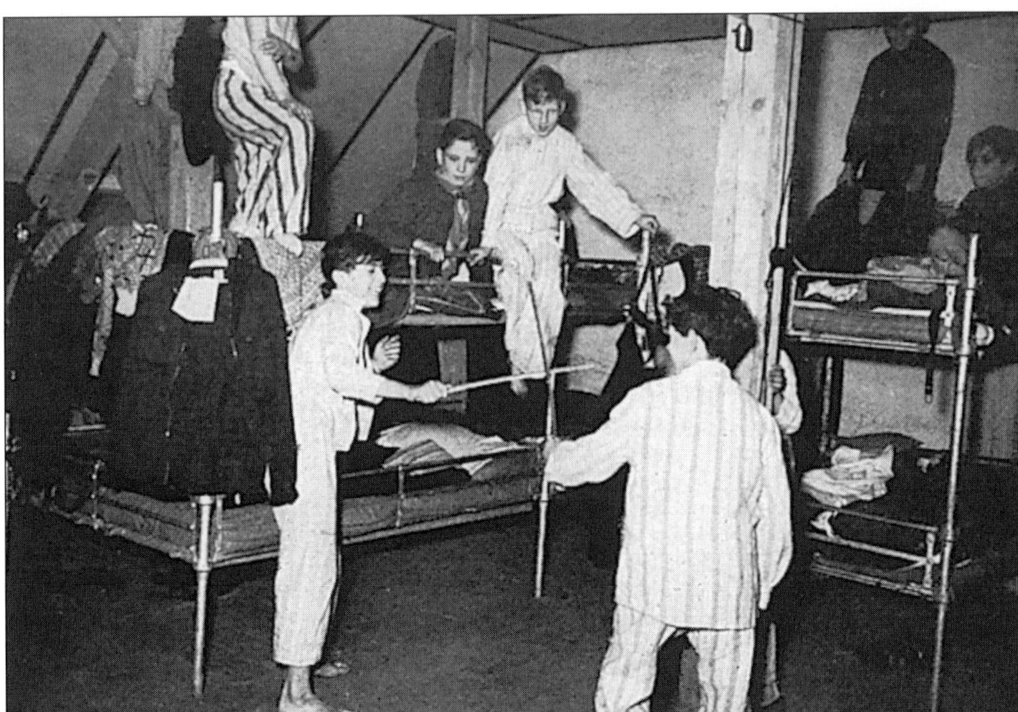

Hier jedoch fanden heftige Turbulenzen statt.

So manche Unordnung war nur noch durch einen Ordnungsruf zu steuern.

Auch hier war der Ordnungsruf sicher noch nicht lange verhallt!

Hier hatten die jungen Mädchen gewiss gern Hand angelegt.

Nicht immer verlief das Verhältnis zwischen Gästen und Herbergseltern reibungslos. In den Herbergen herrschte während der 1950er-Jahre, teilweise auch darüber hinaus, ein inneres Ordnungssystem, das sich auf verschiedene Weise im Alltag manifestierte.

Einem grundsätzlichen Ordnungsbedürfnis der Herbergseltern entsprangen dann auch die unterschiedlichsten Regelungsversuche, wobei zuweilen der Ordnungsruf allzu persönlich geriet. Ein durch und durch reglementierter Herbergsalltag, autoritär auftretende Herbergseltern und deren fehlende Anpassung an das aktuelle Sozialverhalten der Jugend beschworen manchen Konflikt herauf.

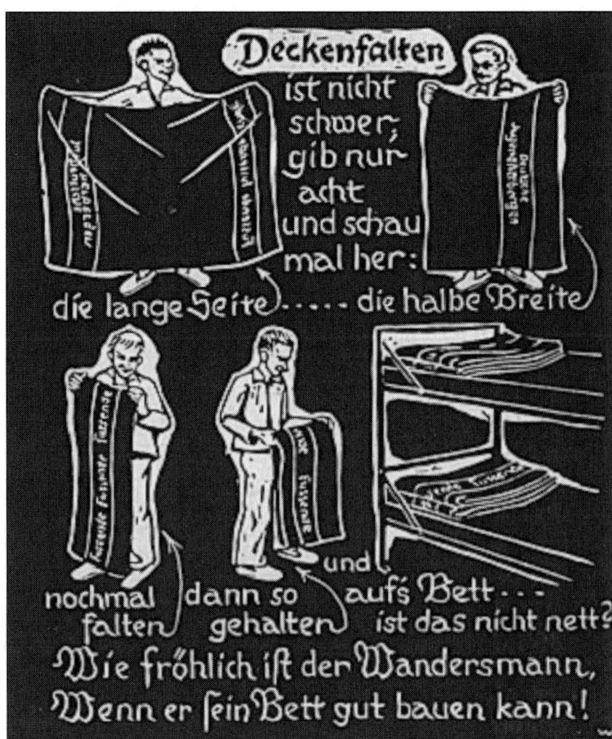

Andererseits waren die Entwicklung und Förderung eines gewissen Ordnungs- und Hygienebedürfnisses bei den Jugendlichen durchaus achtenswerte Ziele, ebenso wie die Hilfe im Haushalt.

Die Übernachtung in der Jugendherberge war für viele Eltern ein Garant für die wohlbehütete Unterkunft der Heranwachsenden, gerade auch wenn sich der Nachwuchs in den Ferien zu Einzelreisen anschickte.

Im Falle widersprüchlicher Interessen fand sich noch für jede Regel ein Schlupfloch, wenn es die Betroffenen nur darauf anlegten.

Auch wenn einmal, allen Vorstellungen vom Wandern zum Trotz, diese Art des Reisens bevorzugt wurde …

… so fanden die solchermaßen Entgleisten sichere Heimstatt in der Jugendherberge.

7

Der Tagesraum

Am Tag und abends, ein Platz für alle Fälle

Die hier als „Tagesraum" bezeichnete Räumlichkeit bot in früheren Zeiten Raum für alle Bedürfnisse der müden Wanderer – das Einverständnis der Herbergseltern vorausgesetzt.

Zum geselligen Mittelpunkt wurde der Tagesraum jedoch …

… in seiner Funktion als Speisesaal.

Der Vollständigkeit halber sei hier auch der Tätigkeiten zur Vor- und Nachbereitung des gemeinsamen Essens gedacht.

Diese Vorbereitungen waren ganz im pädagogischen Sinne gemeinschaftliche Verrichtungen.

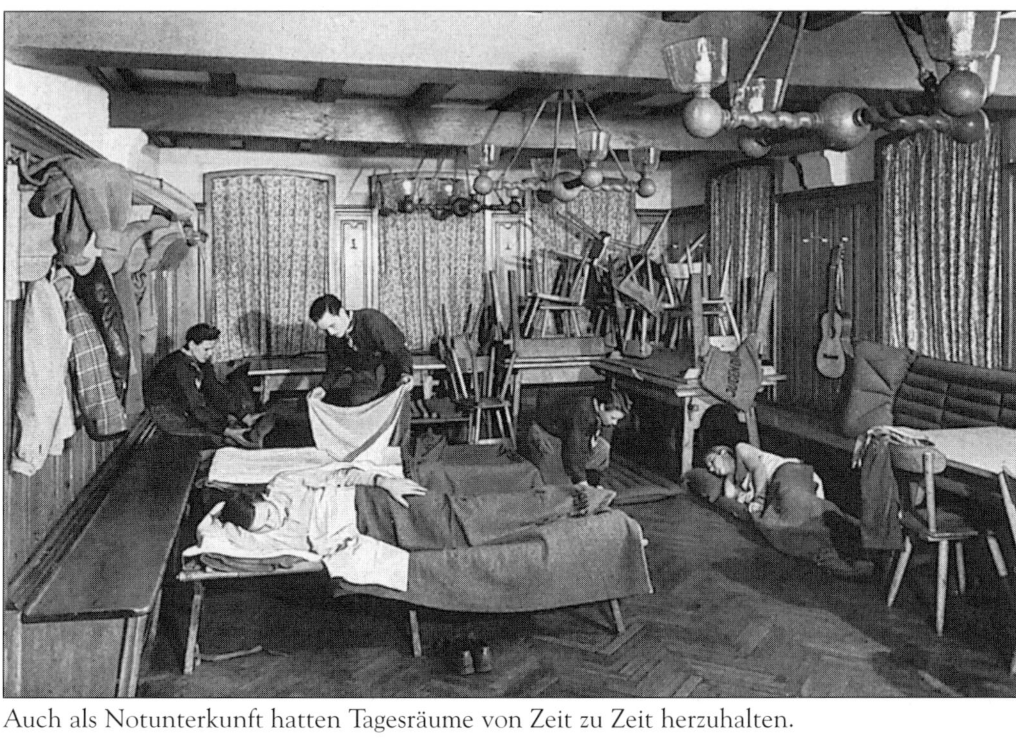

Auch als Notunterkunft hatten Tagesräume von Zeit zu Zeit herzuhalten.

Zur Reisezeit im Sommer wurde der Außenbereich mancherorts zusätzlich mit Zelten bestückt.

Gelegentlich war der Andrang so groß, dass es sogar reine Zeltherbergen gab.

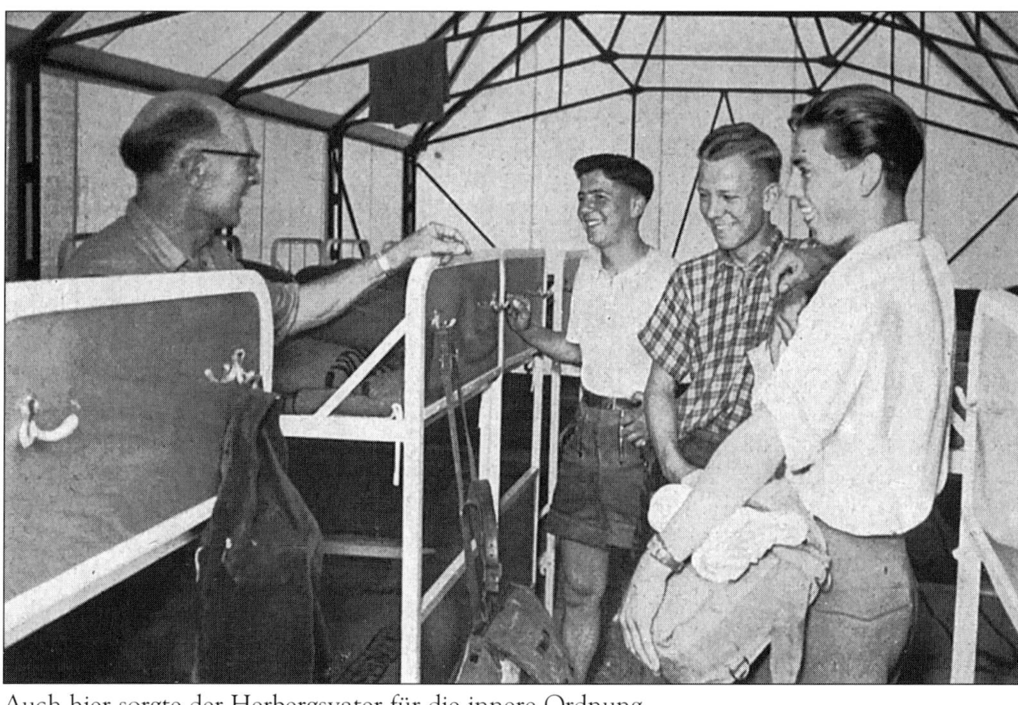
Auch hier sorgte der Herbergsvater für die innere Ordnung.

Bei geeignetem Wetter spielte sich ein Teil des Herbergslebens grundsätzlich im Außenbereich ab.

Dann traf man sich zu einer zünftigen Brotzeit …

… oder zur Planung der weiteren Reise.

Der Herbergsaufenthalt war oft Teil einer Wanderfahrt, deren Stationen der sorgfältigen Planung bedurften.

Manchmal wurde das Ziel auch erst unterwegs ins Auge gefasst.

Zuweilen fehlte mangels geeigneter Unterlagen auch die Orientierung.

Im Umfeld der Jugendherbergen fand Richard Schirrmanns „wandernde Schule“ immer noch statt, wie hier auf dem Hoherodskopf.

Doch auch in Jugendgruppen organisierte Jugendliche nahmen das Angebot der Jugendherbergen gern an …

… ebenso wie kameradschaftliche Zusammenschlüsse jugendlicher Einzelwanderer.

Auf der gemeinsamen Fahrt spielte der „pädagogische Zeigefinger“ ohnehin meist eine untergeordnete Rolle.

Bei und nach der Ankunft waren, je nach „Verkehrsmittel“, verschiedene Verrichtungen nötig, sei es nach der Radfahrt …

… oder der Wanderung per pedes.

Zunächst einmal ging es zur Anmelde …

… dann wurde das Gepäck verstaut.

Hinweg mit dem Staub der Landstraße!

Im Hause war man schon auf großen Hunger eingestellt.

Der Andrang bei der Essensausgabe war ebenso groß wie der Hunger.

Natürlich schritt der normale Herbergsgast gesittet zu Tisch, …

… um nach vollendetem Mahle ein Lied anzustimmen.

Gern traf man sich zu gemeinschaftlichem Gesang, in kleiner oder großer Runde.

Eine musikalische Darbietung fand stets Gehör. Dabei spielte es keine Rolle, ob ein Einzelvirtuose …

… oder ein kleiner Kreis aufspielte.

Im Tagesraum traf man sich auch, um Geschichte zu erzählen …

… oder einander vorzulesen.

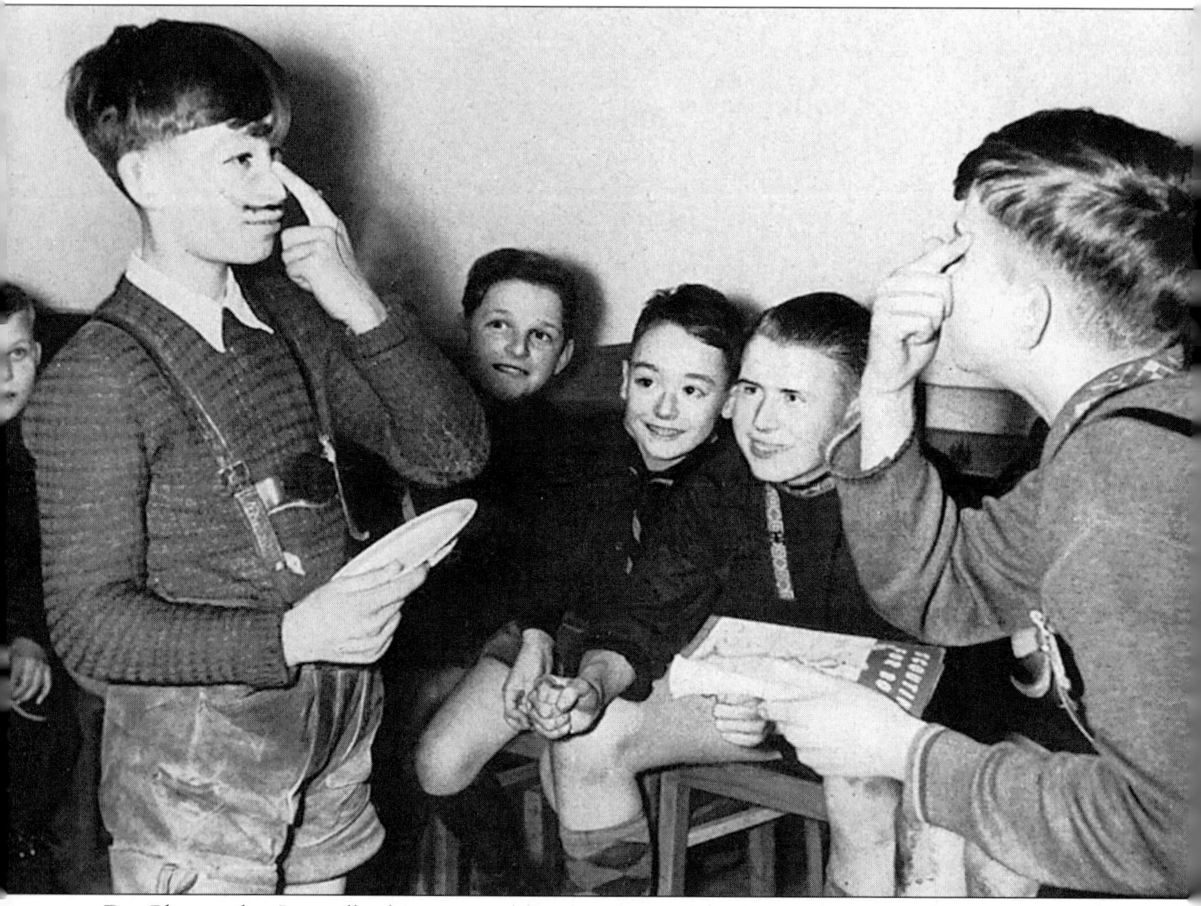

Der Platz in den Jugendherbergen war begrenzt, gesonderte Gymnastik-, Aufenthalts- und Seminarräume fehlten lange. Nicht immer konnte jedem Bedarf durch Funktionsräume Rechnung getragen werden. Gleichwohl richtete man sich mit den vorhandenen Gegebenheiten ein, der Tagesraum war ein wahrhaft multifunktionaler Raum, wo bei Bedarf auch lustige Spiele stattfanden.

8

Jugendherbergen in der DDR

Ein anderer Weg zum gleichen Ziel

Auf dem Gebiet der ehemaligen „Sowjetisch besetzten Zone“ (SBZ) regelten die Maßnahmen der sowjetischen Kommandantur alle Fragen des öffentlichen Lebens. Eine dieser Maßnahmen war die Übergabe des konfiszierten „Heimstättenamtes der Hitler-Jugend“, dem in der letzten Phase der NS-Zeit der Bestand der Jugendherbergen unterstellt war, in die treuhänderische Verwaltung durch Städte und Gemeinden. Aufgrund der Nachkriegssituation wurden die Gebäude zunächst dem dringlichen Ziel der Unterbringung der zahllosen Vertriebenen und Heimatlosen gewidmet. Am 17. November 1945 trat erstmalig der „Zentralausschuss für Deutsche Jugendherbergen“ zusammen, ein Unterausschuss des amtlichen Jugendausschusses, dessen Vorsitzender Erich Honecker war. Die Gründung eines Verbandes schwebte diesem damals nicht vor. Pfingsten 1946 meldete die Freie Deutsche Jugend (FDJ) dann Anspruch auf die Jugendherbergen auf Kreisebene an, und 1947 wurde die „Jugendheim GmbH“ gegründet, die alle Einrichtungen für Jugendliche zu betreuen hatte, also auch die Jugendherbergen. Größter Gesellschafter war hier die FDJ.

Die JH „Jupp Angenfort“ in Binz auf Rügen.

Der Befehl Nr. 82 der sowjetischen Militärverwaltung beinhaltete, dass „... Eigentum, das nicht mehr zurückerstattet werden kann, weil die ehemaligen Organisationen nicht mehr existieren, in den Besitz des Volkes übergeht". Damit war die Verstaatlichung der Jugendherbergen vollzogen, die Bildung eines eigenen Verbandes gegenstandslos. Der Befehl bewirkte, dass viele Vorkriegs-Jugendherbergen wieder so genutzt werden konnten, wie hier die Jugendherberge Stralsund.

In diesem Falle entsprach ein Teil der Innenausstattung eher Vorstellungen von gepflegter Bürgerlichkeit als der typischen Einrichtung, die man gemeinhin mit Jugendwandern verknüpft.

Grundsätzlich aber waren die Jugendherbergen in der DDR dem Jugendwandern und dem Jugendtourismus gewidmet. Hier der ehemalige Gasthof „Zur Sonne“, Teil der wieder eröffneten Jugendherberge Lunzenau auf der Rochsburg, im Jahre 1948.

Auch die alte Jugendherberge Warnemünde war ein solches wieder eröffnetes Haus. Das Jugendgesetz vom 7. Oktober 1950, genau ein Jahr nach Gründung der DDR erlassen, unterstellte die Leitung der Jugendherbergen den Kreisen. Den materiellen Unterhalt der Jugendherbergen leisteten weitgehend die Gemeinden als Eigentümer.

Parallel zu den administrativen Vorgängen wurden vermehrt Jugendherbergen bereitgestellt. Bereits 1947 hatten in den fünf Ländern der SBZ 56 Herbergen den Betrieb aufgenommen. Mit zunehmender Gästezahl reichten die vorhandenen Plätze bald nicht mehr, mit viel Impro-

visationstalent wurde beispielsweise in Oberwiesental die Sprungschanze als Jugendherberge genutzt.

Natürlich machte man, wie in Westdeutschland auch, von der Möglichkeit Gebrauch, zur Ergänzung des Platzangebotes Zeltjugendherbergen zu errichten. Hier die JH „Eugen Schönhaar" im Syratal bei Plauen.

Eine Besonderheit waren sicherlich so genannte „Ständige Wanderquartiere", „Saisonbedingte Wanderquartiere" und „Wanderhütten". „Ständige Wanderquartiere" waren laut Definition Jugendherbergen ohne hauptamtlichen Leiter mit weniger als 25 Plätzen. Hier sieht man das „ständige Wanderquartier" in Tröbigau.

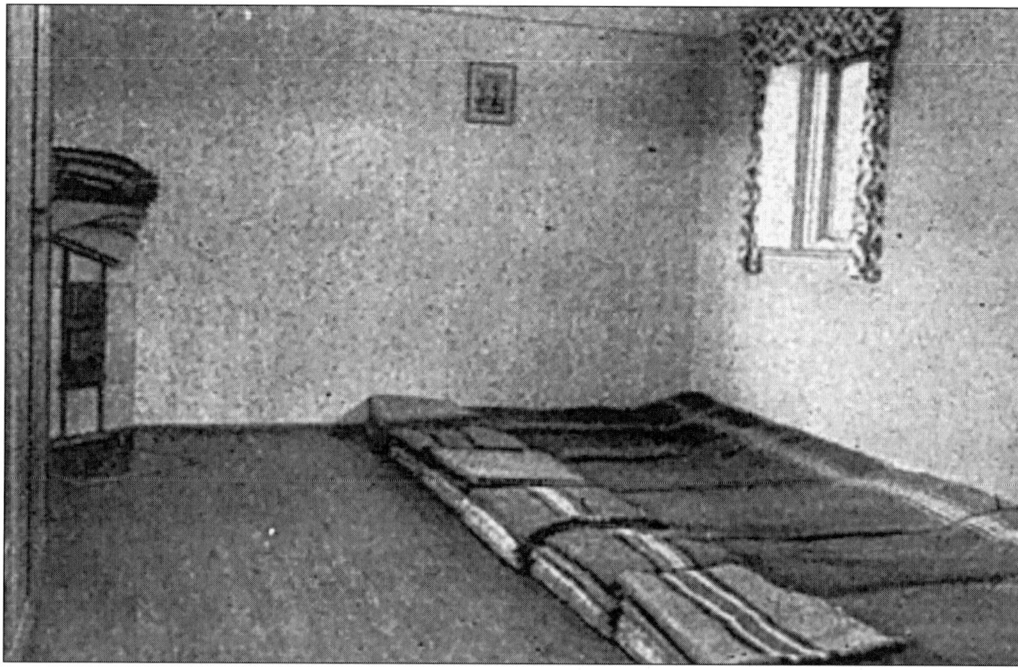

„Saisonbedingte Wanderquartiere“ sollten „in schönen Wandergebieten, Stätten von kulturhistorischer Bedeutung“ und konnten in „Schulen, Sälen, Klubhäusern“ eingerichtet werden. Es genügte, wenn „Strohsäcke, Matratzen, Luftmatratzen“ und „genügend hygienische Anlagen“ vorhanden waren. Auf dieser Seite sieht man exemplarisch einen Bettenraum (oben) sowie eine Küche (unten) in einem „saisonbedingten Wanderquartier“.

Ein weiterer wichtiger Typ von Wanderquartieren waren die Wanderhütten. Sie sollten „in schönen Landschaftsgebieten, in Städten von wirtschaftlicher, kultureller und historischer Bedeutung“ eingerichtet werden sowie „die Liebe zum sozialistischen Vaterland vertiefen“. Als Träger waren Vereine und ähnliche Gemeinschaften angesprochen, Einrichtungsregeln gab es nicht. Hier sieht man die Wanderhütte der Betriebssportgemeinschaft (BSG) Motor-West, Zella-Mehlis, am Fuße des Falkensteins.

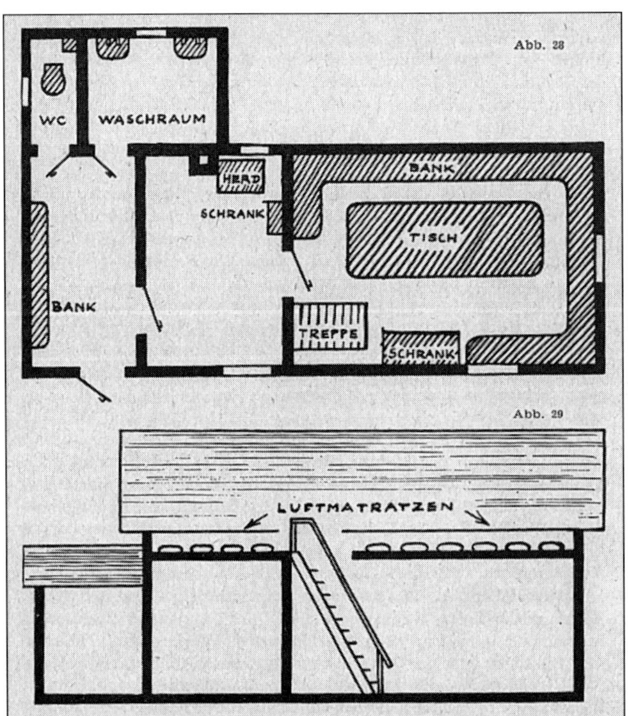

Der sorgfältig durchdachte Raumplan der Wanderhütte der BSG Motor-West.

Auch in regulären Jugendherbergen herrschten bei entsprechender Nachfrage zeitweise beengte Verhältnisse, wie hier in der JH Eisenach während der 1950er-Jahre.

Mitunter wurde Abhilfe geschaffen, indem man in ein größeres Haus zog, hier nochmals das Beispiel der JH Eisenach.

Zum gemeinschaftlichen Erleben gab es dennoch genügend Gelegenheiten, wie etwa beim gemeinsamen Vorbereiten der Mahlzeiten.

Das Jugendherbergsleben bot hin und wieder Gelegenheit zur körperlichen Ertüchtigung im Alltag.

Mein Beitrag zur patriotischen Erziehung
==
von Wilhelm Sticke, DJH Lübben

Unsere Jugendherbergen in der Deutschen Demokratischen Republik sind nicht nur Übernachtungsquartiere für Schüler und Wanderer, sondern auch Erziehungsstätten. Ihre Leiter haben die Aufgabe, aktiv bei der Erzeihung der Jugendlichen mitzuhelfen.
Die Erziehungsarbeit des Leiters einer Jugendherberge richtet sich in besonderem Maße auf die patriotische Erziehung. Seine Aufgabe ist es, die Jugendlichen mit den Schönheiten und Eigenarten der Natur und Gesellschaft seines Heimatkreises und -bezirkes vertraut zu machen. Durch die Touristik ist es möglich, die kulturellen und historischen Denkmäler, die wirtschaftlichen Verhältnisse, das Leben des Volkes und die natürlichen Reichtümer des Landes kennenzulernen.

Das Komitee für Touristik und Wandern hat eine Anzahl Möglichkeiten geschaffen, um die Jugend an die Touristik heranzuführen, wie z.B. die Touristische Suchfahrt, die "100 Friedenskilometer" und das Touristenabzeichen. Außerdem können die Thälmann-Pioniere das Touristische Fünfkampfabzeichen erwerben.

Als Teil der staatlichen Jugendarbeit, die eines der vorrangigen Ziele der DDR war, genoss das Herbergswesen besondere Förderung. Dabei dachte man auch an eine Erziehung im politischen Sinne.

"Umfassender Aufbau des Sozialismus, heißt Erziehung und Heranbildung des allseitig; das heißt geistig, moralisch und körperlich entwickelten Menschen, der bewußt das gesellschaftliche Leben gestaltet und die Natur verändert."
(Referat W. Ulbricht zum VI. Parteitag der SED)

Auch die Jugendherbergen in unserer Republik haben dabei ihre Aufgabe zu erfüllen. Jährlich verlassen viele Mädchen und Jungen ihren Betrieb, ihre Schule, Universität und Verwaltung, um in der Urlaubs- und Ferienzeit neue Kräfte für die zukünftige Arbeit zu schöpfen. Viele von ihnen kommen in die Jugendherbergen, um ihren Urlaub auf touristische Art zu verleben. Durch unsere Hilfe zur sinnvollen und organisierten Freizeitgestaltung nehmen wir Einfluß auf die sozialistische Bewußtseinsbildung der Jugendlichen.

Hier einige Beispiele programmatischer Schriften zu diesem Thema.

Durch vielfältige Verflechtungen mit Schulen und Betrieben wuchs das Herbergswesen in der DDR, unterstützt durch Betriebspatenschaften. So ging man in werblichen Darstellungen immer wieder gern auf diese Verflechtung ein.

Natürlich standen auch in den Jugendherbergen der DDR der Gedanke des Jugendtourismus und die Freude der jugendlichen Reisenden im Zentrum aller Bemühungen. Dabei spielte es keine Rolle, ob sie mit dem Rad die Welt erkunden …

… oder die unergründliche Tiefe eines Brunnens ermessen wollten, wie in der JH „Friedrich Ludwig Jahn“ in Freyburg/Unstrut.

Seit 1957 oblag die Organisation des Herbergswesens den Komitees für Touristik und Wandern, in denen unter Federführung der FDJ Vertreter des Feriendienstes des FDGB, des Reisebüros der DDR, der Gesellschaft für Sport und Technik und weiterer staatlicher Einrichtungen mit Abteilungen der Jugendpflege zusammentraten. Erst mit der Gründung von Jugendtourist 1975 und einer Umgruppierung der Kompetenzen wandelte sich das Bild erneut. Diese wechselnden Zuständigkeiten spiegelten sich auch in den unterschiedlichen Logos der Jugendherbergen in der DDR wider.

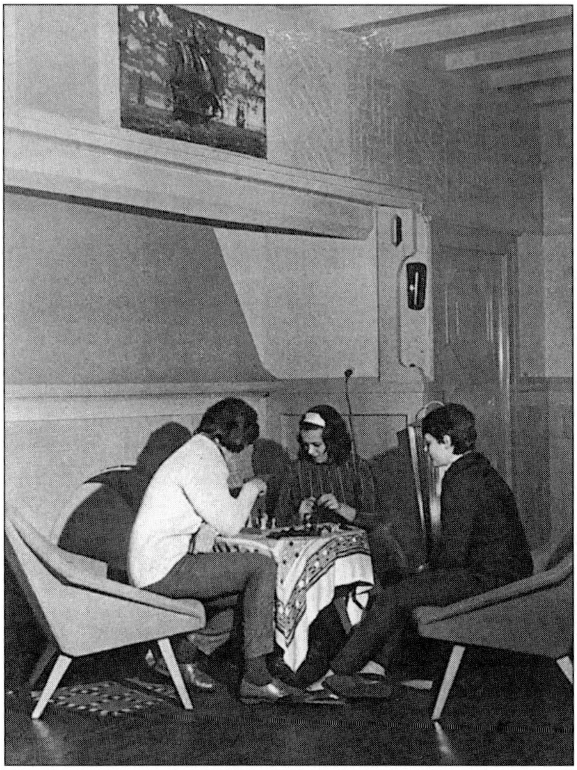

Trotz der verschiedenartigen Wege ähnelten sich die Bilder. Wie in der JH Berlin-Grünau war man überall bemüht, ein reputierlich-manierliches „Ambiente" anzubieten, …

… doch auch die einfachere Unterkunft tat der Gemütlichkeit keinen Abbruch. Hier die JH „Zur Windmühle" in Steina bei Kamenz.

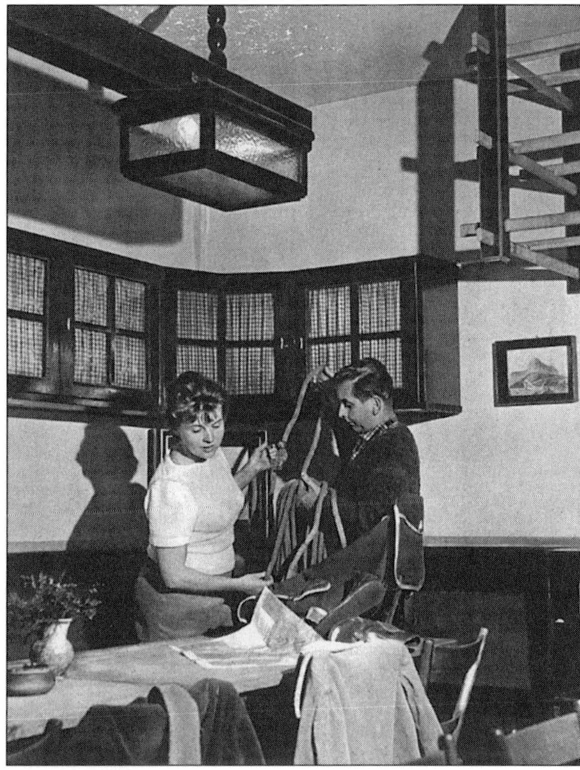

Man richtete sich, z. B. in der Wanderhütte „Kurt Schlosser“ in der Sächsischen Schweiz, mit den vorhandenen Gegebenheiten ein …

… getreu dem Spruch „Wie man sich bettet, so liegt man“. Hier die JH „Blosenburg“ in Erfurt.

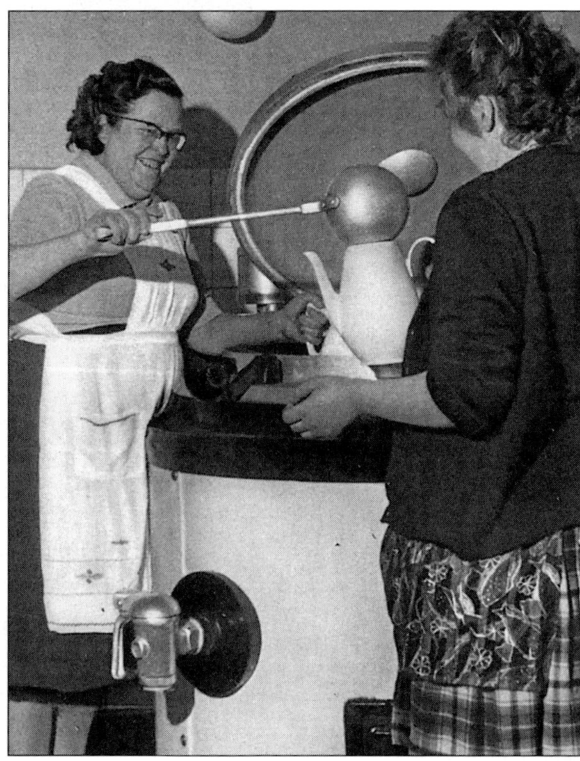

Für alle diese Dinge waren das Wohlwollen und die fürsorgliche Hilfsbereitschaft der Herbergseltern unerlässlich. Das persönliche Engagement Einzelner, sei es in den Komitees für Touristik und Wandern, den Partnerbetrieben der Herbergen oder den Stadträten, war maßgeblich für den Erfolg der Jugendherbergen. Räumlichkeiten und die Art der Aufgaben und Möglichkeiten ähnelten naturgemäß denjenigen in Westdeutschland. Die Beschaffung von Ausrüstung und Verbrauchsgütern war indes oft schwieriger. Umso mehr sind hier die Tatkraft und die Ideen aller Beteiligten zu würdigen, besonders aber diejenigen der Herbergseltern. Oben der Herbergsleiter der JH „Blosenburg“ in Erfurt, rechts die JH „Wendolin Schaller“ bei Bad Blankenburg in Thüringen.

9

Die Herbergseltern

Eine tragende Rolle in den Jugendherbergen spielten immer die Herbergseltern. Seit der Frühzeit waren sie ebenso heterogen wie die Jugendherbergen selbst. Ihre ursprünglich erlernten Berufe waren so mannigfaltig wie ihr Aufgabenspektrum in der Jugendherberge. Für ihre Gäste waren sie nicht nur Gastgeber, sondern auch Wanderkameraden, Hauswirtschafter und Haustechniker oder Pädagogen. Von Zeit zu Zeit vertraten sie sogar Elternstelle. Mit der Zeit erkannte man, dass die Bewältigung des Alltags ein spezielles Grundlagenwissen erforderte. Mit ihrer persönlichen Disposition stand und fiel aber auch der atmosphärische Charakter der Herberge. Die Herbergseltern regelten alle Dinge, die den besonderen Geist, bzw. das Flair einer Jugendherberge ausmachten.

Was auch immer die jugendlichen Gäste unternahmen, die Eindrücke der Reise wurden entscheidend von ihrem Verhältnis zu den Herbergseltern geprägt, auch in der JH Witten/Ruhr.

Die Bandbreite der charakteristischen Tätigkeiten eines Herbergsvaters erstreckte sich vom Allroundtechniker …

… bis zum sangesstarken Alleinunterhalter.

Die meisten Herbergseltern waren selbst begeisterte Wandertouristen. Hier sieht man westfälische Herbergseltern auf Wanderfahrt bei einem Herbergselterntreffen um 1952.

Dabei erkundeten die Herbergseltern nicht nur die unmittelbare Umgebung ihrer Jugendherberge, wie dieser Besuch in Flandern gegen Ende der 1950er-Jahre zeigt.

Viele Herbergseltern pflegten die Beschäftigung mit Themen aus dem musisch-kunsthandwerklichen Bereich, z.B. beim gemeinschaftlichen Fidelbau.

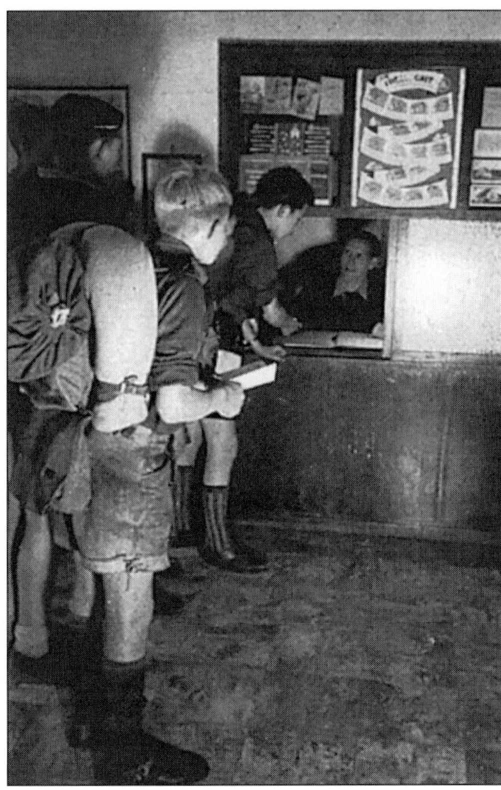

Im Alltag begann der Kontakt der Jugendherbergsgäste mit den Herbergseltern an der Anmelde.

An der Anmelde herrschte oft neugieriges Gedränge.

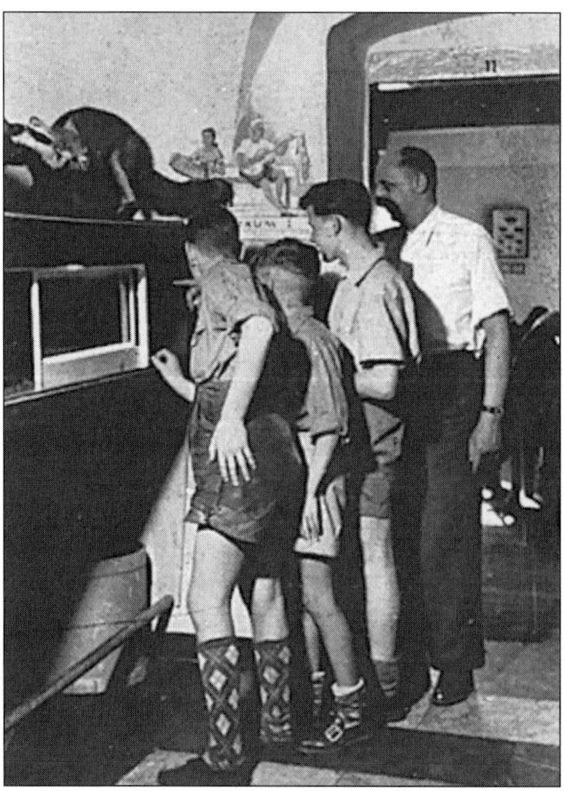
Gleich zu Beginn wurden viele Fragen gestellt, einiges bedurfte der genaueren Erläuterung.

Oft war der Herbergsvater aber auch kompetenter Fahrtberater.

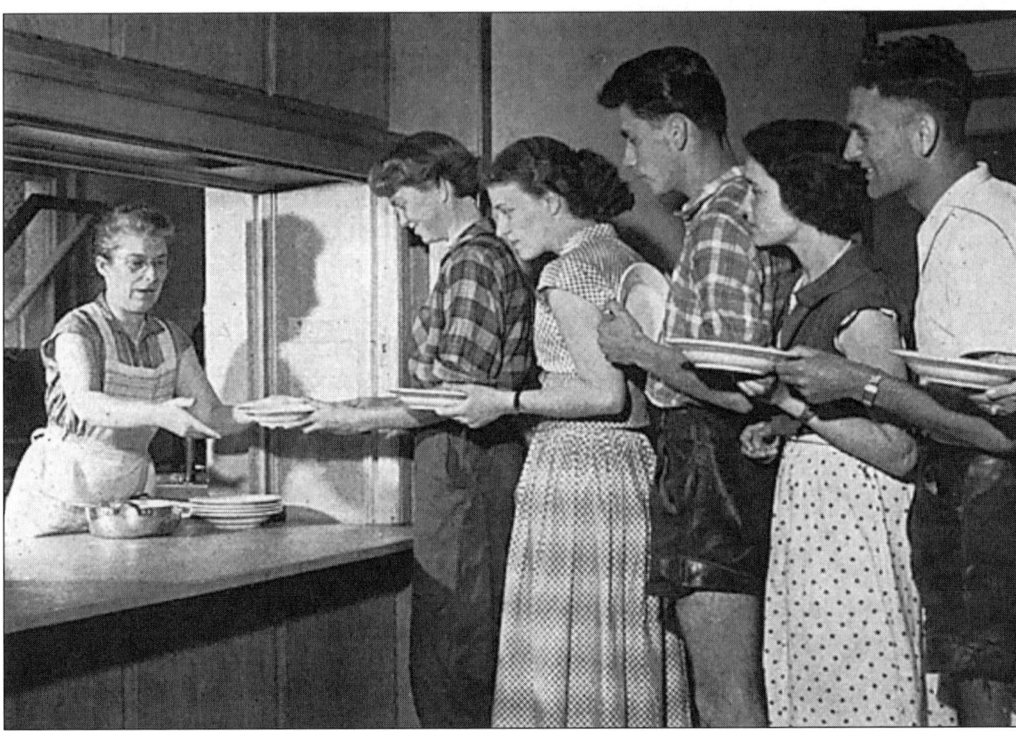
Die Herbergsmutter dagegen kümmerte sich vornehmlich um das leibliche Wohl der Gäste.

Gelegentlich gehörte aber auch eine Stilberatung für junge Damen zu den Aufgaben der Herbergsmutter.

Die Sorge um das leibliche Wohl der Gäste beanspruchte den vollen Einsatz.

Herbergseltern essen
von Herbergsvater Wilhelm Wendling, JH Ratzeburg

Dabei mussten die eigenen Bedürfnisse oft zurückstehen. Es gab schon frühzeitig Lehrgänge zur Bewältigung des Alltags, später auch, um das Freizeitangebot der Jugendherbergen zu erweitern. Aufgrund der zunehmenden Differenzierung des Herbergsalltags wuchs die Zahl der angebotenen Themenkreise. Lerninhalte waren Nährmittelkunde, kreative Freizeitgestaltung, Betriebswirtschaft und früher einmal auch „Wandern“. Der Beginn dieses Lehrgangswesens lässt sich nicht an einem Datum festmachen; Ursprung waren wohl frühere Wanderführer-Lehrgänge, die sich über geführte Themenwanderungen zu Herbergsprogrammen entwickelten. Von hier aus war der Schritt zu spezifischen Angeboten seitens der Jugendherbergen nicht mehr weit. Aus der Notwendigkeit, diese vorzubereiten, ergaben sich die Themen der Vorbereitungskurse, die dann aber auch für den Herbergsbetrieb relevante Themen aufgriffen.

Hier wurde nicht an der Weltformel getüftelt, vielmehr handelt es sich um den Wandel des Vitamin-C-Gehaltes in verschiedenen Bearbeitungszuständen von Gemüse. Ernährungslehre war eines der wichtigsten Lehrgangsthemen.

Natürlich wurde das Gelernte auch in die Praxis umgesetzt.

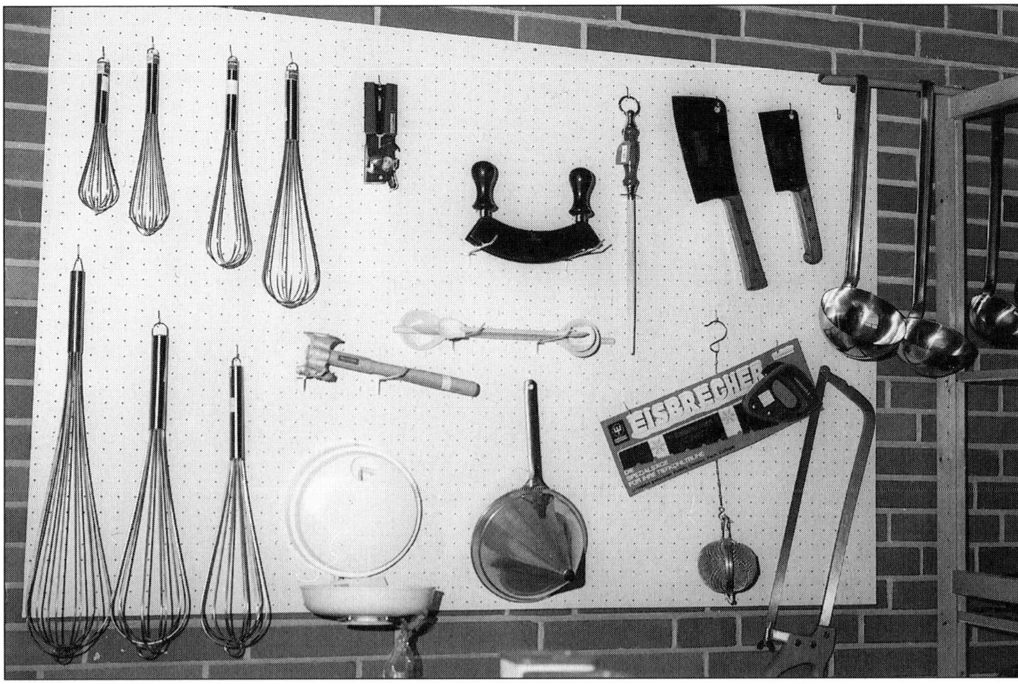

Auch Grundkenntnisse des benötigten Werkzeugs gehörten zum Unterrichtsprogramm.

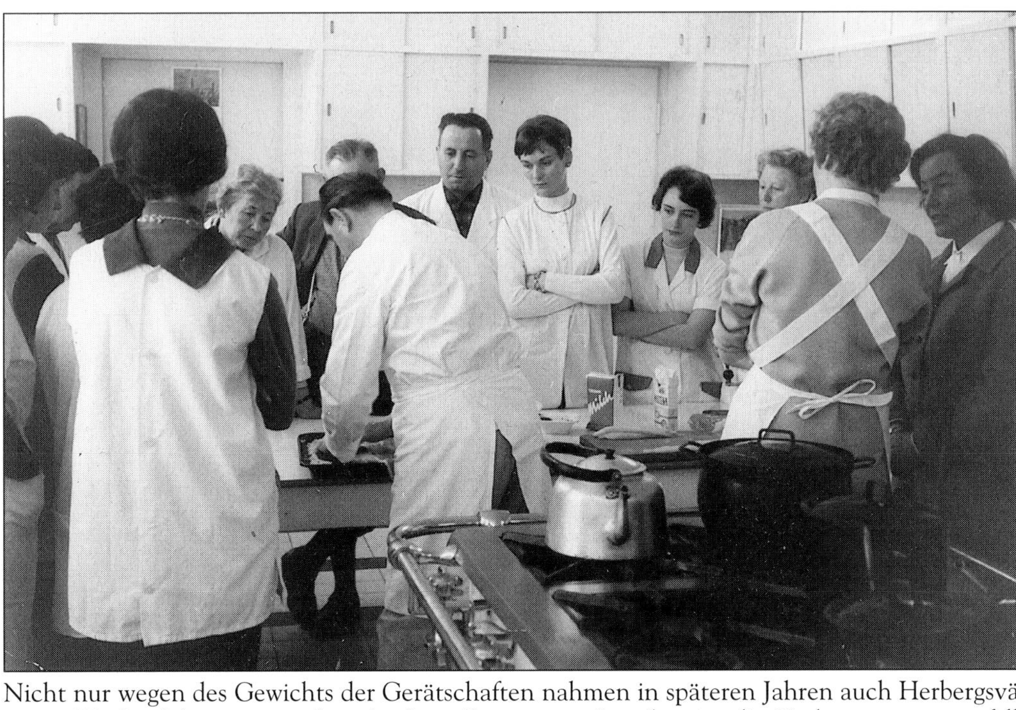

Nicht nur wegen des Gewichts der Gerätschaften nahmen in späteren Jahren auch Herbergsväter an Küchenlehrgängen teil, vielmehr sollten sie im Stande sein, die Herbergsmutter notfalls zu vertreten.

Selbstverständlich fanden auch Erste-Hilfe-Kurse statt.

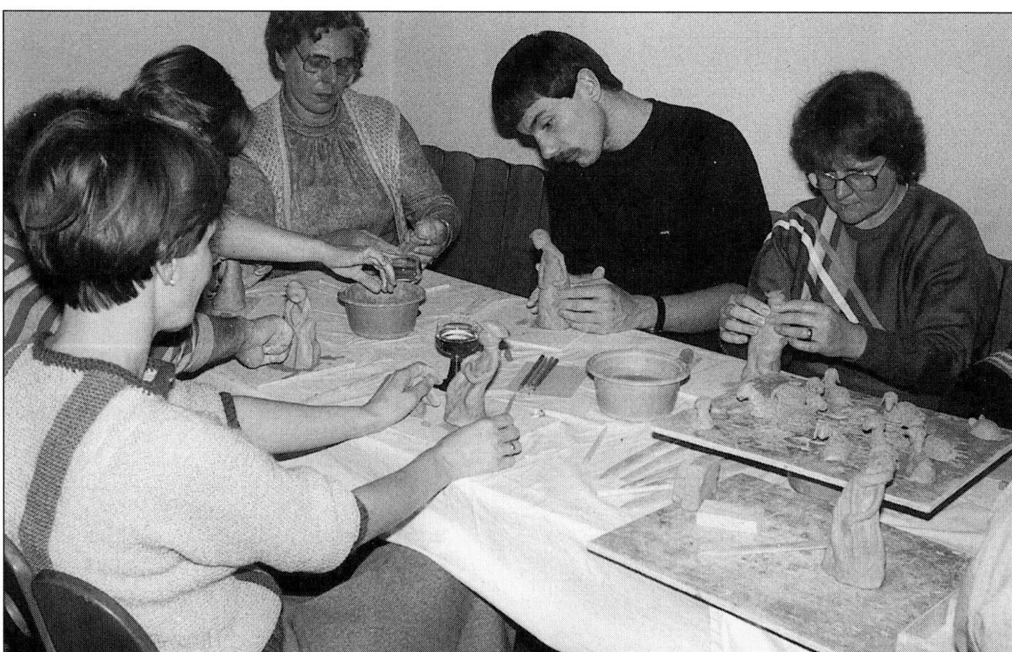

Ab den 1960er-Jahren kamen weitere Themen hinzu, sie seien hier erwähnt, weil im Nachkriegsjahrzehnt der Boden hierzu bereitet wurde. Kreatives Gestalten war – im weiteren Sinne – schon in Zeiten der Jugendbewegung Thema.

Auch für geselliges Treiben, etwa an langen Winterabenden, wurde geübt, hier nochmals ein Bild aus späteren Jahren.

Ein beständiges Angebot waren Wanderführer-Lehrgänge für Herbergseltern – als das ureigene Programm der Jugendherbergen schlechthin.

Ob dieser hoffnungsvolle Junge Lehrgänge zur Freizeitgestaltung benötigte, wissen wir indes nicht.

10

Internationale Beziehungen

Richard Schirrmann war 1932, beim Treffen von elf nationalen JH-Verbänden in Amsterdam, zum Vorsitzenden dieser Arbeitsgemeinschaft gewählt worden, aus der zunächst IYHU (International Youth Hostel Union) und später IYHF (International Youth Hostel Federation) hervorgingen. Die Beziehungen zu diesen Verbänden hatten aus politischen Gründen beendet werden müssen. Die Erinnerungen an Schirrmanns Bedeutung, auch auf internationaler Ebene, waren indes wach geblieben.

Jack Catchpool (hier neben Schirrmann und Münker), 1948 Vorsitzender der IYHF, betrieb die Aufnahme des 1949 erneut gegründeten deutschen Verbandes in die internationale Organisation.

Catchpool war auch der Initiator von so genannten „Work-Camps". Diese bewirkten nicht nur die bauliche Wiederherstellung von dringend benötigtem Raum, sondern auch die Reintegration des deutschen Verbandes in das internationale Verbandsgefüge. Mit der Gründung des DJH 1949 stand dann der Aufnahme in das IYHF 1950 nichts mehr im Wege – dem Beginn vielfältiger neuer Beziehungen.

Stellvertretend für das Beschreiten neuer Wege auf vorhandenem, wenn auch verschüttetem Untergrund war der Wiederaufbau der JH Bierville in Frankreich. Hier hatte von 1919 bis 1939 das Camp de la Paix als internationale Begegnungsstätte unter dem Namen „L'épi d'or" bestanden. Auf dem Foto sieht man Richard Schirrmann mit Marc Sangnier, dem Gründer des französischen Jugendherbergswerkes, der diese Stätte bereits kurz nach dem Ersten Weltkrieg eingerichtet hatte.

Claude Saurel von der Ligue Française hatte die Idee, diesen Gedanken fortzuführen. So wurden die alten, im Krieg zerstörten Anlagen mit Hilfe von Catchpools „Work-Camp"-Organisation restauriert.

1951 konnte Richard Schirrmann auch diese Stätte seines früheren Wirkens erneut besichtigen.

Beim gemeinsamen Arbeiten kamen sich die Jugendlichen aus vielen verschiedenen Ländern näher, einen besonderen Stellenwert nahm jedoch der Aufbau der deutsch-französischen Freundschaft ein.

Auch in Deutschland sanierten die in den „Work-Camps" organisierten Gruppen von deutschen und internationalen Heranwachsenden gemeinsam alte und neue Unterkünfte. Aus ehemaligen DJH-Häusern waren nach dem Kriege Notunterkünfte für Displaced Persons geworden. Das so stattlich in Erscheinung tretende Ove-Ovens-Haus in Cuxhaven war, wie viele andere, auf diese Weise saniert worden.

Der Europagedanke spielte bei den Regierungen der beteiligten Länder für die Entwicklung internationaler Beziehungen eine tragende Rolle. Darüber hinaus bildete sich durch Beitritte nationaler Verbände zum IYHF eine immer größer werdende internationale Gemeinschaft heraus. Viele der in den ersten zehn Jahren nach dem Zweiten Weltkrieg begonnenen Kontakte kamen erst nach dem hier betrachteten Zeitraum zum Tragen, darauf soll im Folgenden noch eingegangen werden. Ein besonderes Problem stellte dabei die Existenz zweier lange in Europa existierender politischer Machtblöcke dar. Der Verständigungswille der Beteiligten brachte solche schwelenden Konflikte jedoch schnell zum Erliegen: So beschlossen die Teilnehmer beim Krakau-Rally des IYHF 1965 kurzerhand, statt mit Nationalflaggen mit den Emblemen ihrer Verbände aufzutreten.

Die Jugendherberge Augustow in Polen. In den Staaten Osteuropas setzte nach dem Zweiten Weltkrieg die wirtschaftliche Entwicklung nur zögerlich ein, die Wirtschaft der einzelnen Länder war nach russischem Vorbild verstaatlicht. Jugendwandern, Jugendtourismus und Jugendherbergen konnten angesichts vielfältiger Versorgungsschwierigkeiten nur ein Element am Rande eines breiten Spektrums drängender Probleme sein. Gleichwohl hatten in einigen dieser Länder Jugendherbergsverbände existiert, manche waren bereits vor dem Krieg Mitglieder des IYHF gewesen.

Die Jugendherberge Karlsbad in der ehemaligen CSSR. Seit den 1950er-Jahren bahnten einige dieser Länder die Kontakte zum IYHF erneut an, trotz der großen Schwierigkeiten, die durch den „Eisernen Vorhang" gegeben waren. So war Polen bereits 1932 Gründungsmitglied des IYHF, 1959 ersucht es um erneute Aufnahme. Am Rande von Treffen des IYHF in Krakau konnte auch das DJH seine Kontakte zu den östlichen Nachbarländern fortentwickeln.

Aufgrund dieser europäischen Teilung waren für das DJH auch die Vertreter der Jugendherbergen in der damaligen DDR als Vertreter eines auswärtigen Staates zu behandeln – dies galt selbstverständlich auch umgekehrt –, dennoch traf man sich zum gemeinsamen Singen und Tanzen beim Youth Rally von 1967 im polnischen Zagorze Slaskie.

Die Jugendherberge En Gedi am Toten Meer. Besonderer Natur war das Verhältnis des DJH zum Jugendherbergsverband des jungen Staates Israel. Viele Überlebende des Holocausts lebten nun in Israel. In Deutschland aufgewachsen, waren sie der Überzeugung, dass das Geschehene keine ureigen deutsche Angelegenheit war. Allerdings war man in Israel der Meinung, dass eine humanistische Erziehung der deutschen Jugend Not tat.

Die Jugendherberge Akko. Lange bevor sich die Regierungen einander annäherten, suchten israelische Vertreter Kontakte zum DJH. Federführend war – neben etlichen anderen – das Ehepaar Lilo und Walter Katz, beide einst Mitglied des Blauen Vogels, der jüdischen Wanderorganisation in Deutschland. Sie stammten aus Kassel. Walter Katz war Sekretär des israelischen Verbandes und trug so nicht nur zum Aufbau der Einrichtungen in seinem Lande, sondern auch zur Entwicklung der besonders belasteten Beziehung beider Völker bei.

Die Anne-Frank-Jugendherberge in Tel Hai. Die ersten Gespräche zwischen Vertretern des israelischen Jugendherbergsverbandes und Vertretern des DJH gab es bereits 1950 während der Konferenz der IYHF in England. Vier Jahre später wurden diese dann bei einer erneuten Konferenz dieser Art im Saarland fortgesetzt. Bereits 1956 erhielt der damalige stellvertretende Vorsitzende des DJH, Dr. Anton Graßl, eine Einladung nach Israel, die ihn zur Errichtung der Anne-Frank-JH im Kibbuz Tel Hai inspirierte.

Zum Bau der Jugendherberge Karei Deshe am See Genezareth, Tiberias, im Jahre 1963 trugen auch Mittel der Stiftung Deutsche Jugendmarke bei. Bis dahin war dies das einzige Engagement der Stiftung im Ausland. Ab 1961 begann der Jugendaustausch zwischen beiden Ländern. Die Voraussetzungen für diesen Austausch wurden vor allem in den Nachkriegsjahren von den Überlebenden des Völkermords geschaffen. Die Beziehungen förderten im besonderen Maße die Völkerverständigung.

Deutsche und israelische Schulkinder beim Jugendaustausch 1961 im Kibbuz Nir-Am.

Ein spezielles Verhältnis entwickelte sich auch zum Japanischen Herbergsverband. Protagonist war Yukishi Yokoyama, der mit seiner Tochter nicht nur dem japanischen Verband, sondern dem Wandergedanken selbst zur Verbreitung verhalf. Hier sieht man den Wimpel des japanischen „Wandervogel".

Eine Gruppe japanischer Wandervögel von der Universität Osaka.

Der Förderer der deutsch-japanischen Beziehungen Yukishi Yokoyama. Einem Shinto-Brauch folgend bestimmte Yokoyama, dass nach seinem Ableben ein Teil seiner Asche in Altena beigesetzt wurde, nahe der letzten Ruhestätte seines Freundes Richard Schirrmann.

Ein Bild Schirrmanns steht auf dem Altar im Dayani-Tempel von Nara zur Erinnerung an diese besondere Beziehung.

Die Jugendherberge Kirishima auf der Insel Kyushu folgt in ihren äußeren Formen den Umrissen des „Magischen Dreiecks“, das im Logo fast aller Jugendherbergsverbände weltweit enthalten ist und im Jahre 1926 im DJH entworfen wurde.

Zeittafel 1884-1959

1884 Gründung der ersten Schüler- und Studentenherberge in Hohenelbe/Böhmen durch Guido Rotter.
1909 Gründung des Deutschen Jugendherbergswerkes auf der Burg Altena.
1911 Die Idee des Gründers des DJH, Richard Schirrmann, breitet sich in Deutschland aus.
1912 Die erste ständige Jugendherberge der Welt wird auf Burg Altena eröffnet.
1913 Richard Schirrmann gibt das erste Verzeichnis der Jugendherbergen in Deutschland heraus.
1917 Erstellung von Richtlinien für die Errichtung von Jugendherbergen und Veröffentlichung einer Hausordnung.
1920 Erste Herausgabe der Zeitschrift „Jugendherberge".
1924 Wilhelm Münker wird erster Hauptgeschäftsführer des Reichsverbandes für deutsche Jugendherbergen.
1932 Erstes Treffen von elf in Europa entstandenen Jugendherbergsverbänden. Es mündet ein Jahr später in der Gründung des internationalen Jugendherbergsverbandes (IYHF).
1933 Der Reichsverband für deutsche Jugendherbergen wird als Abteilung der Hitler-Jugend unterstellt. Münker legt sein Amt nieder. Schirrmann wird zum Präsidenten der IYHF gewählt.
1937 Richard Schirrmann muss auf Druck der Reichsjugendführung das Amt des Präsidenten der IYHF aufgeben.
1941 Alle Landesverbände des DJH werden liquidiert.
1942 Das DJH wird in das Heimstättenamt der Hitlerjugend eingegliedert und damit aufgelöst.
1945 In den westlichen Besatzungszonen gibt Münker den „Nachrichtendienst Nr. 1" heraus, mit dem Aufruf zur Bildung von Orts- und Landesverbänden.
In der Sowjetischen Besatzungszone bildet sich der Zentralausschuss für deutsche Jugendherbergen.
1947 Die Jugendherberge Burg Altena wird wieder eröffnet, in diesem Jahr zählt man 1.158.500 Übernachtungen in 275 Jugendherbergen.
Gründung der „Jugendheim GmbH" in Ostberlin, in den fünf Ländern der SBZ stehen wieder 56 Jugendherbergen zur Verfügung.
1948 Treffen der Vertreter der Landesverbände in den Westzonen zur Vorbereitung einer Neugründung des DJH.
Der Befehl Nr. 82 der sowjetischen Besatzungstruppen in der SBZ führt die Jugendherbergen in Volkseigentum über.
1949 Der Hauptverband des DJH wird in Verbindung mit dessen 40-jährigem Bestehen auf Burg Altena neu gegründet, Schirrmann und Münker treten von ihren Leitungspositionen zurück.
1950 Wiederaufnahme des DJH in die IYHF.
In der DDR wird das Gesetz über die Teilnahme der Jugend am Aufbau der Deutschen Demokratischen Republik erlassen, in der Folgezeit Anordnungen zur Förderung des Jugendwanderns und des Jugendherbergswesens.
1956 In der Bundesrepublik Deutschland: In 711 Jugendherbergen werden 7.711.744 Übernachtungen gezählt.
1959 50-jähriges Jubiläum des DJH.

Buchhinweise

Die Transsibirische Eisenbahn.
Die frühen Jahre 1900-1916

Bodo Thöns

ISBN: 3-89702-632-5
18,90 € [D]

Umstrittene Versöhnung.
Reagan und Kohl in Bitburg 1985

Theo Hallet

ISBN: 3-89702-810-7

14,90 € [D]

Hab' ich nicht geliebet und gelebet?
Schiller und die Frauen

Gerd Reitz

ISBN: 3-89702-800-X
19,90 € [D]